믿으면
이루어지는
꿈의 원리

믿으면
이루어지는
꿈의 원리

초판 1쇄 인쇄 _ 2020년 9월 10일
초판 1쇄 발행 _ 2020년 9월 15일

지은이 _ 윤대현

펴낸곳 _ 바이북스
펴낸이 _ 윤옥초
책임 편집 _ 김태윤
책임 디자인 _ 이민영

ISBN _ 979-11-5877-189-8 03190

등록 _ 2005. 7. 12 | 제 313-2005-000148호

서울시 영등포구 선유로49길 23 아이에스비즈타워2차 1005호
편집 02)333-0812 | 마케팅 02)333-9918 | 팩스 02)333-9960
이메일 postmaster@bybooks.co.kr
홈페이지 www.bybooks.co.kr

책값은 뒤표지에 있습니다.
책으로 아름다운 세상을 만듭니다. ― 바이북스

미래를 함께 꿈꿀 작가님의 참신한 아이디어나 원고를 기다립니다.
이메일로 접수한 원고는 검토 후 연락드리겠습니다.

믿으면
이루어지는
꿈의 원리

윤대현 지음

바이북스
ByBooks

들어가는 글

"인생은 마음먹기에 따라 달렸다"라는 말이 있습니다. 가장 흔하면서도 가장 공감하기 힘든 말이 아닐까 싶습니다. 이 말에 공감이 안 된다면 원인은 하나입니다. 자신이 어떤 마음을 먹고 있는지 모르고 있다는 것입니다. 사람들은 흔히 자기의 마음은 자기 자신이 가장 잘 알고 있다고 생각합니다. 하지만 조금만 시간을 내어 생각해보면 자신의 마음만큼 알기 어려운 것도 없습니다.

동의하든 그렇지 않든 세상은 내 마음속에 있는 것을 그대로 비춰줍니다. 그런데 우리들 마음속에 있는 생각은 잠재의식 깊은 곳에 묻혀 있습니다. 이것이 바로 자기 자신이 무슨 생각을 하는지 알기 어려운 이유입니다. 의식적인 생각도 사실 오래전부터 잠재의식 속에 있던 생각이 표출된 것에 지나지 않습니다. 생각 없이 나오는 행동 역시 철저히 무의식의 통제를 받고 있습니다. 우리 삶의 모든 부분이 잠재의식에 영향을 받고 있다고 말할 수 있겠네요.

이 책은 잠재의식 속에 어떤 생각이 있는지 알 수 있도록 도와줄 것입니다. 이것을 알게 되면 자연스럽게 잠재의식이 인생을 바꿀 수 있다는 사실도 깨달을 수 있을 것입니다. 더 나아가 이 책은 잠재의식을 긍정적으로 바꿀 수 있는 힌트를 제공하고 있습니다.

성공한 사람들의 잠재의식을 분석해서 어떤 생각이 유익한 생각인지 또 해로운 생각인지 분간할 수 있도록 도와줄 것입니다. 그래서 여러분들 속에 숨겨져 있었던 해로운 생각들을 제거하고 유익한 생각들로 채울 수 있는 방법을 가르쳐줄 것입니다. 그렇게 되면 여러분의 삶에 변화가 일어나게 되겠지요.

마지막으로 책의 후반부에는 잠재의식을 쉽게 바꿀 수 있는 방법을 소개합니다. 잠재의식의 원리를 통달하지 못하더라도 잠재의식을 바꿀 수 있는 구체적인 실천 방법을 제시합니다. 좀 더 쉽고 재밌게 긍정적인 마인드를 가질 수 있도록 도와준다고 보시면 좋을 것 같습니다.

책에서 하는 이야기를 따라가다 보면 자기도 모르는 사이에 생각이 바뀌게 될 것입니다. 이 책은 잠재의식에 대한 책이지만 사실 단순히 잠재의식만을 위한 책은 아닙니다. 이 책을 읽는 사람들이 각자 자신의 인생을 돌아보고 자기 자신을 탐구할 수 있는 기회를 제공하기 위해서 쓰였습니다. 자기가 진정으로 원하는 것이 무엇인지, 그리고 어떤 인생을 사는 것이 성공적인 인생을 사는 것인지 생각해볼 수 있는 좋은 기회가 될 것입니다.

지금까지의 여러분들의 인생은 여러분들이 어떤 생각을 하면서 살아왔는지를 보여주고 있습니다. 이 책을 읽는 동안 앞으로는 어떤 생각을 하면서 사는 것이 좋을지 생각해보는 시간이 되었으면 합니다. 그래서 여러분 모두가 각자 원하는 미래를 그려나갈 수 있게 되길 바랍니다.

CONTENTS

STEP 2

성취는 이미 이루어져 있다

STEP 3

믿는 대로 꿈이 모두 이루어진다

STEP 4

잠재의식으로 인생을 변화시켜라

STEP 5

이렇게 하면 잠재의식을 바꿀 수 있다

STEP 6

성공적인 인생을 위해 반드시 믿어라

STEP 1

생각을
먼저 바꿔라

잠재의식이
인생과 현실을
만든다

시간이 흐르고 세상이 변해도 바뀌지 않는 진실이 하나 있다. 사람의 인생은 마음먹기에 따라 달렸다는 것이다. 불교에서는 이를 '일체유심조'라고 한다. 모든 것은 마음이 만들어낸다는 뜻이다. 성경에는 "대저 그 마음의 생각이 어떠하면 그 위인도 그러한즉"이라는 구절이 있다. 마음의 생각과 생각하는 사람이 정확하게 일치한다는 의미이다.

만약 누군가에 대해 알고 싶다면 그 사람의 생각을 알면 된다. 또, 자신의 인생이 왜 이렇게 되었는지 알고 싶다면 어떤 생각을 하며 살았는지 알면 된다. 생각이 그 사람이 정체성과 인생을 만들어내기 때문이다.

인생이 마음먹기에 달렸다는 말에 공감이 안 된다면 그 사람은 중요한 것을 모르고 있는 것이다. 그들은 자신이 어떤 생각을 하고 있는지 알지 못하고 있다. 그렇기 때문에 자신이 생각한 것과 세상이 일치한다는 진리를 볼 수 없는 것이 당연하다. 사실 자기 자신의 생각을 알아내는 것은 쉽지가 않다. 카를 융은 우리가 의식적으로 사용할 수 있는 두뇌는 5%에 지나지 않는다고 말한다. 나머지 95%는 잠재의식이라는 이름으로 곤히 잠들어 있다. 우리가 의식할 수 있는 생각은 모두 잠재의식에서 나온다.

그리고 인생을 결정짓는 생각들은 잠재의식이라는 영역에 묻혀 있다. 우리들이 의식하지 못하는 사이에 인생의 방향이 결정되고 있다는 의미이다. 현대 그룹의 창시자인 정주영과 석유왕 록펠러에게 공통점이 있다. 그들은 맨손으로 시작해서 스스로 거대한 부를 이루어냈다. 가난했던 부모님과 비교해서 그들이 더 특출났다고 보기는 힘들다. 정주영은 부모님의 근면함과 성실함을 물려받았다. 록펠러는 부모님으로부터 사업과 상업에 대해 배웠다. 하지만 이들이 가지고 있던 작은 생각의 차이 때문에 아들은 거부가 되었고 부모는 가난한 상태에 머물렀다.

정주영은 어린 시절 필사적으로 집을 탈출하려고 했던 반면 그의 아버지는 집에 머무르기 위해 기를 썼다. 정주영은 집 밖에 더 나은 세상이 있다고 믿었다. 하지만 그의 아버지는 자신의 고향보다 더 나은 세상을 생각하지 못했다. 록펠러의 경우도 마찬가지다. 록펠러는 고등학교를 마친 뒤 도시에서 일자리를 구하기 위해 돌아다녔다. 그때 아버지는 어느 정도 돈을 모아서 다시 집으로 돌아간 상황이었다. 록펠러가 일자리를 구하는 데 어려움을 겪자 아버지는 시골로 돌아가 함께 농장일을 하자고 제안했다. 록펠러는 그 제안을 뿌리치고 불확실한 미래에 운명을 맡기기로 결정했다. 록펠러는 그곳에 남아 세계 최고의 부자가 되었다. 록펠러는 과거를 회상하면서 말했다.

"그때 아버지의 제안을 수락했을 것을 상상하면 등골이 오싹해진다."

이 작은 선택은 정주영과 록펠러의 운명을 바꿨다. 그 당시로 돌아가 3자의 입장에서 바라본다면 이 선택은 별로 대단한 선택이 아닐 수도 있다. 하지만 이들은 잠재의식을 통해 선택을 내렸다. 그렇기 때문에 우리들은 그들의 작은 선택에서 그들의 잠재의식에 대해 알아낼 수 있다. 이들은 어린 시절 왜 그런 선택을 내렸는지 직접 밝혔다. 정주영 회장은 왜인지 모르겠지만 집을 반드시 나와야 할 것 같았다고 말했다. 록펠러는 아버지의 제안이 그냥 싫었다고 말했다. 마치 죽으러 가는 것처럼 싫었다는 뉘앙스로 이야기했다.

그들의 현실은 가난했지만 이때 그들의 잠재의식은 이미 거대한 부를 누리고 있었다. 정주영의 잠재의식은 한국에서 제일 가는 부자를 가난한 집안에 가둬놓을 수 없었다. 록펠러의 잠재의식은 세계 최고의 석유 재벌을 농장 주인으로 머무르게 만들 수 없었다. 정작 선택을 내린 당사자들은 의식하지 못했지만 잠재의식은 그들의 생각을 이미 현실에 펼쳐놓고 있었던 것이다. 환경이나 주변사람들의 시선은 잠재의식이 가지고 있는 힘을 막을 수 없다. 잠재의식이 부유한 사람은 어떤 환경에서도 부유해진다. 잠재의식이 가난한 사람 역시 어떤 환경에서도 다시 가난해진다.

경제대공황이 일어났을 때 전 세계 모든 기업들이 무너져 내리기 시작했다. 도저히 쓰러지지 않을 것 같던 미국 경제가 초토화되어버렸다. 시대에 발맞춰 간신히 살아남은 회사들은 정리해고를 하고 소극적인 경영을 하기 시작했다. 하지만 클레멘트 스톤은 달랐다. 클레멘트 스톤은 사람의 정신이 중요하지 시장이나 고객이 성공과 실패를 만든다고 믿지 않았다. 클레멘트 스톤은 대공황시기에 직원들에게 성공시스템을 교육하기 시작한다. 클레멘트 스톤의 생각을 받아들이지 못하는 직원은 모두 떠나갔고 마지막에는 회사직원의 1/5만 남았다. 환경과 상황을 보았을 때 클레멘트 스톤은 점점 더 망해하는 것처럼 보였다.

하지만 클레멘트 스톤의 기업은 오히려 더 큰 실적을 내기 시작한다. 성공시스템을 교육받은 200명이 기존의 1,000명보다 더 많은 성과를 올리기 시작했다. 자연스레 회사는 다시 커져 갔다. 결국, 클레멘트 스톤은 1970년에 《포춘》지에서 50대 재벌로 선정된다. 한국에서도 비슷한 사건이 사례가 존재한다. 1998년 IMF가 터지면서 크고 작은 기업들이 파산하기 시작했다. 거리는 실업자들로 가득 찼고, 절망적인 상황 속에서 자살하는 사람들도 많이 생겨났다. 그 가운데 삼성에서 일하고 있던 박천웅이라는 사람이 있었다.

그는 IMF가 터지자 오히려 창업을 선택했다. 잘 되던 회사도 직원을 줄이던 상황에서 박천웅은 오히려 직원을 더 많이 뽑기 시작했다. 어려서 신문배달과 연탄배달을 하며 공부를 했던 것처럼 그는 희망을 잃지 않고 회사를 키우는데 힘을 쏟았다. 창업을 시작한 지 15년이 지난 후 그의 기업은 연매출 820억 원에 도달했다. 시대를 역행해 IMF 기간에 성공한 기업을 만들어냈던 것이다. 시대와 상황이 사람을 만든다는 주장은 신화에 불과하다. 통계에 의하면 억만장자 중에서 자수성가로 성공한 사람이 70%센트에 달한다. 부모님이 억만장자라고 해도 30% 정도만 부모의 재산을 간신히 유지한다.

시대는 가고 상황은 변하기 마련이다. 하지만 사람들의 머릿속에 뿌리 박혀 있는 잠재의식이 사람의 인생을 만든다는 진리는 변함이 없다. 흔히 사람들이 말하는 '어려운 상황'은 그들의 잠재의식을 시험하는 시기이다. 겉으로 볼 때 성공한 인생처럼 보여도 어려운 상황이 닥치면 진실이 드러난다. 잠재의식이 성공을 향하고 있다면 어려운 상황이 닥쳤을 때 오히려 그 사람의 진가가 드러난다. 클레멘트 스톤과 박천웅이 위기의 상황에서 남들과 다른 선택을 내린 것은 우연이 아니다. 생긴 것은 평범했지만 그들의 잠재의식은 이미 성공으로 향하고 있었다. 사람마다 원하는 것은 다르다.

어떤 사람은 많은 돈을 원하고 누군가는 많은 사랑을 받기 원한다. 자신이 가지고 있는 생각과 자신이 원하는 바가 일치할 때 소망은 현실이 된다. 우리들의 현실이 다른 누군가에 의해서 만들어진다는 말은 거짓말이다. 자신의 현실이 다른 누군가에게 끌려가고 있다면 자신의 잠재의식을 확인해야 한다. 분명 잠재의식 속에 나의 현실은 다른 사람이 만든다는 생각이 있을 것이다. 자신의 현실을 자신이 원하는 세계로 바꾸는 방법은 간단하다. 자신의 잠재의식을 자신이 원하는 생각들로 채워나가는 것이다. 일본에서 세금을 가장 많이 내는 사람은 사이토 히토리이다. 그는 어려서부터 어른들이 젊었을 때 고생을 많이 해야 한다고 이야기했다.

어른들은 고생을 많이 할수록 성공할 수 있다고 믿었기 때문이다. 하지만 사이토 히토리는 어른들이 자신의 잠재의식을 좌지우지하도록 내버려 두지 않았다. 그는 오히려 성공하기 위해서 고생 따위는 할 필요가 없다고 생각했다. 인간은 행복하려고 태어났기 때문에 고생을 해서는 안 된다고 믿었다. 그래서 사이토 히토리는 어른들이 이야기하는 고생은 피했다. 자신이 할 수 있는 것만을 골라서 해나갔다. 결국 자신의 잠재의식대로 행복하게 성공했다. 잠재의식에 답은 정해져 있지 않다. 우리 모두는 우리가 원하는 세상을 살아갈 수 있다. 우리가 할 일은 우리 안에 있는 잠재의식을 바꿔나가는 것뿐이다.

잠재의식 안에 있는 나의 믿음이 현실을 만든다

"지피지기 백전불"라는 고사성어가 있다. 적을 알고 나를 알면 백번 싸워도 위태롭지 않다는 의미이다. 우리도 역시 잠재의식을 바꿔서 더 나은 현실에서 살기 원한다면 먼저 잠재의식이 무엇인지 알아야 한다. 잠재의식의 가장 큰 특징은 우리들의 생각에 무조건 "맞아!"라고 대답한다는 것이다. 그것이 좋은 것인지 나쁜 것인지 따지지 않는다. 그것이 당신이 원하는 것인지 싫어하는 것인지 신경 쓰지 않는다. 그저 당신의 생각에 무조건 동의한다. 여러분이 머릿속에서 그리고 있는 세상을 현실로 만들어내기 위해 힘쓴다.

당신이 정직한 사람이 실패하고 거짓되고 교활한 사람이 성공한다고 생각한다고 가정해보자. 그러면 당신은 당신의 생각대로 정직한 사람이 실패하는 모습을 현실에서 목격하게 될 것이다. 결국 당신은 정직하게 실패하든지 교활하게 성공하든지 둘 중 하나를 선택하게 될 것이다. 또, 당신이 하기 싫은 것을 하면서 살아야 부유하게 살 수 있는 세상이라고 믿는다고 가정해보자. 그렇다면 당신은 잠재의식의 힘에 의해서 당신은 하기 싫은 일만 골라서 하게 될 것이다. 그렇지 않다면 당신은 가난해질 것이다. 잠재의식에는 정답이 없다. 우리가 무엇을 요구하든지 잠재의식은 우리의 요구를 현실로 나타내어 줄 것이다.

따라서 자신의 잠재의식을 알 수 있는 가장 좋은 방법은 우리들이 처한 현실을 보는 것이다. 당신이 처한 현실이 마음에 들지 않는다면 현실에 대해 불평할 필요가 없다. 그것은 단지 당신의 잠재의식 속에 당신이 싫어하는 생각이 존재한다는 증거일 뿐이다. 사람의 신체는 100조 개의 세포로 이루어져 있다. 그 세포 하나하나에는 우리들의 생각과 감정이 깊숙이 박혀 있으며 우리들의 생각을 현실로 드러내기 위해 움직인다.

미국 예일 대학교 병원에서 실비아라는 여성이 장기이식 수술을 받은 적이 있었다. 실비아는 평소와는 전혀 다른 모습으로 변해갔다. 맥주를 매우 싫어했었지만 수술 이후 맥주를 좋아하게 되었다. 조용한 성격에 겁도 많았었는데 오토바이를 즐겨 타기 시작했으며 산악 등반도 하기 시작했다. 식성도 완전히 바뀌었다. 평소에는 잘 먹지도 않던 매운 고추와 치킨 너겟을 좋아하기 시작했다. 장기이식과 자신의 변화가 관련이 깊다고 느낀 실비아는 자신에게 심장과 폐를 주었던 사람을 찾아보기 시작했다. 원래 심장과 폐의 주인은 10대 후반의 청년이었다. 그는 오토바이 광이었다. 그의 사인도 오토바이 사고였다는 사실이 밝혀졌다. 사망 당시 그의 점퍼에는 치킨 너겟이 들어 있었다. 더 자세히 알아본 결과 그는 맥주와 매운 고추를 매우 좋아해 자주 먹었던 것이 드러났다. 이후 실비아는 장기이식을 받은 사람들을 모아 놓은 후원그룹을 만들었다. 실비아는 그 후원 그룹에 있던 장기이식자들도 실비아와 비슷한 경험을 하고 있었다는 것을 알아냈다.

당신이 의식하고 있든 의식을 하지 못하고 있든 그것은 중요하지 않다. 당신의 세포 하나하나가 당신이 했던 생각들을 그대로 저장해두고 있다. 그리고 머지않아 당신의 생각을 현실로 보여줄 것이다. 사람들은 좋은 것 나쁜 것, 좋은 사람 나쁜 사람을 구분한다. 좋은 것은 더 많이 갖으려고 하고 나쁜 것은 버리려고 한다. 좋은 사람은 기꺼이 도와주고 나쁜 사람은 잘못되길 바란다. 하지만 잠재의식은 차별하지 않는다. 좋은 사람이라도 불행한 생각을 하면 불운이 그의 인생에서 끊이질 않는다. 나쁜 사람이라도 자신은 엄청난 행운이라는 생각을 가지고 있으면 그의 인생에서 행운이 떠나질 않는다.

마음을 열고 세상을 바라보면 이 진실은 쉽게 알아차릴 수 있다. 좋은 사람보다는 뻔뻔한 사람이 더 쉽게 성공한다. 죄책감이 없으며 자신감이 넘치는 사람. 하고자 하는 일을 주저하지 않고 거침없이 해치우는 사람이 성공을 거머쥔다. 이런 현상도 잠재의식과 관계가 깊다. 흔히 생각하는 '좋은 사람'은 죄책감에 쉽게 빠져든다. 바꿔 말하면 작은 일에도 자신은 행운을 가져갈 자격이 없다고 믿어버리는 것이다. 반면 뻔뻔한 사람은 온갖 부도덕한 일을 저지르면서도 자신은 세상의 모든 행운을 가져갈 자격이 있다고 믿어버린다. 그럼 잠재의식은 그의 믿음대로 그에게 온갖 행운을 안겨준다.

몽고메리 장군과 처칠 수상과의 재밌는 일화가 하나 있다. 처칠 수상은 하루에 시가 20개를 피우고, 술은 병째로 마셨다. 게다가 자신이 먹고 싶은 것이 있으면 닥치는 대로 다 먹고 나서야 직성이 풀렸다. 이를 본 몽고메리 장군은 처칠 수상에게 가서 말했다.

"존경하는 수상님. 저는 담배를 피우지 않고, 술도 마시지 않습니다. 건강을 위해서 먹는 양도 조절하고 해로운 음식을 피하기 위해서 노력하고 있습니다. 그 외에도 건강을 해칠 수 있는 습관은 멀리하고 있습니다. 그렇게 저는 항상 100퍼센트의 건강을 유지하고 있습니다. 군인으로서 몸의 건강을 유지하는 것은 매우 중요하다고 생각하기 때문입니다."

그러자 처칠은 몽고메리에게 이렇게 대답한다.

"맞네. 자네도 보다시피 난 골초라네. 담배도 마구 피고 술도 왕창 마시지. 먹는 것도 별로 신경 쓰지 않아. 먹고 싶은 건 닥치는 대로 먹어버리지. 그런데 난 200퍼센트 건강하다네."

술, 담배를 하지 않고 건강에 각별히 신경을 쓴 몽고메리 장군은 90살까지 살았다. 그리고 무슨 짓을 하든 건강하다고 믿었던 처칠은 92살까지 살았다. 누구든지 열심히 하는 사람이 잘되기를 바란다. 건강에 각별하게 신경 쓴 사람은 항상 건강하기 바란다. 건강을 신경 쓰지 않고 몸을 함부로 다루는 사람의 몸은 언젠가 망가져버리기를 내심 기대한다. 하지만 잠재의식은 사람의 노력이 아닌 그 사람이 가지고 있는 생각에 반응한다. 잠재의식의 흥미로운 특징 중에 하나는 현실과 상상을 구분하지 못한다는 것이다.

만약 당신이 상큼한 레몬을 먹고 있다는 상상하면 입에 저절로 침이 고이게 된다. 실제로 먹지는 않았지만 잠재의식에 각인되어 있는 레몬의 맛이 당신의 온몸에 느껴지는 것이다. 그렇기 때문에 자신의 상상 속에서 이루어진 생각들이 잠재의식에 들어와 영향을 끼치는 경우가 많다. 대부분의 사람들이 전쟁에 대한 경험이 없는 오늘날에도 사람들은 전쟁을 두려워한다. 현 세대는 세계대전의 참상과 핵무기의 위협을 경험하지 못했다. 하지만 전해 내려오는 이야기를 통해 전쟁의 무서움을 상상하게 된 것이다.

프랑스에서 사형수를 대상으로 한 실험을 벌였다. 사람의 생각이 그 사람을 죽게 만들 수도 있는지 알아보기 위한 실험이었다. 먼저 죄수를 단두대 앞으로 데려갔다. 죄수의 눈을 가려 아무것도 볼 수 없게 만든 뒤 죄수의 목을 단두대의 칼날 아래 올렸다. 그런 뒤 죄수가 단두대의 칼날에 목이 베었다는 착각이 들도록 만들었다. 끝이 날카로운 널빤지로 죄수의 목을 내려쳤다. 그리고 죄수의 목에 따뜻한 물을 서서히 부었다. 물은 목에서 등으로 흘러내리며 피가 흐른다는 느낌을 주기에 충분했다. 그 죄수는 7분 만에 사망하고 말았다. 생각 속에서 맞은 칼날이 그를 죽음에 이르게 한 것이다.

잠재의식은 우리의 친구가 될 수도 있고 악마가 될 수도 있다. 잠재의식을 더 많이 알아야 잠재의식을 더 잘 다룰 수 있다. 잠재의식을 알게 되면 자신이 처한 현실과 자신의 잠재의식이 정확하게 일치한다는 사실이 보인다. 잠재의식은 당신이 생각하는 것을 가져다줄 뿐이다. 학교 선생님은 공부를 열심히 하면 시험을 잘 볼 것이라 말한다. 하지만 공부를 아무리 열심히 해도 시험을 잘 치르지 못하는 학생이 있다. 반면 공부를 조금만 해도 시험을 잘 보는 학생도 있다. 아무리 노력해도 먼저 잠재의식을 바꾸지 않는 이상 현실은 바뀌지 않는다.

시험을 못 보는 학생은 시험 당일 날 복통이 몰려온다. 잠재의식이 그 학생의 생각대로 현실은 만들어주려고 하는 것이다. 다음에 복통을 대비해서 복통을 견디는 훈련을 해도 상관없다. 잠재의식은 시험 보는 동안 바지에 똥을 지리게 해서라도 학생이 생각한 결과를 보여줄 것이다. 반면 시험을 잘 보는 학생은 시험 당일 날 컨디션이 최고로 올라온다. 머리도 맑아지고 운도 따라줘 원하는 결과를 가져간다. 잠재의식이 그 학생의 생각대로 이루어주려는 것이다. 잠재의식에 대해 모르고 살았을 때는 이런 현실이 불공평해 보일지도 모른다. 하지만 잠재의식의 원리를 터득하면 모두에게 공평한 세상이라는 것을 깨닫게 될 것이다. 잠재의식은 당신이 어떤 사람이든 차별하지 않기 때문이다. 그것이 무엇이든지 당신이 생각하는 것을 현실로 보여준다.

"이미 이루어졌다"는 믿음이 있어야 성공한다

인간에게는 시간이라는 것이 무척 중요하다. "시간은 금이다"라는 말이 있듯이 한번 지나간 시간은 되돌릴 수 없다. 모두가 제한된 시간만을 가지고 있다. 그래서인지 사람은 시간을 떼어놓고 생각하지 않는다. 계획을 세우더라도 언제 시작할 것인지, 언제 무엇을 할 것인지, 언제까지 결과를 낼 것인지 생각한다. 하지만 이런 시간에 대한 개념은 잠재의식을 알아가는 데 큰 방해가 된다. 잠재의식은 시간이 무엇인지 알지 못하기 때문이다. 잠재의식은 오직 현재만을 생각한다. "나는 언젠가 행복질 거야"라는 말은 "나는 지금 행복하지 않아"라는 말과 같은 의미이다.

결국 언젠가 행복하겠다는 말은 잠재의식 속에 지금 자신이 행복하지 않다는 생각이 있다는 것을 말해준다. 이런 말을 하는 사람은 100년 후에도 "나는 언젠가 행복해질 거야"라고 되뇌고 있을 것이다. 인생을 살다 보면 정말 간절히 바라는 것이 이루어지는 경우는 드물다. 기적이라도 일어나서 이루어지기를 바라지만 기적은 절대 일어나지 않는다. 사실 간절히 무언가를 바란다는 것은 현재 자신이 원하는 것을 가지고 있지 않다는 의미다. 자신이 원하는 자동차를 타고 다니는 사람에게 '올해 꼭 자동차 사기'는 소원이 될 수 없다. 꿈에 그리던 이상형과 이미 결혼한 사람이 "나 진짜 결혼하고 싶어!"라고 소리치지 않는다.

잠재의식 속에서 이미 자동차를 가지고 있는 사람에게 자동차는 찾아온다. 이미 잠재의식 속에서 결혼한 상태에 머무르고 있는 사람만이 결혼하게 된다. 잠재의식에게 미래는 존재하지 않기 때문이다. 흔히 모든 사람들이 한 번쯤 경험해보는 일들이 있다. 내가 미치도록 이루고 싶은 일이 있어서 죽도록 애쓸 때는 아무것도 이뤄지지 않는다. 그러다가 결과에 대해서는 반쯤 포기하고 일을 진행하면 모든 게 순조롭게 착착 이뤄진다. 죽도록 애쓸 때는 잠재의식 속에 '아무것도 이루어진 게 없어'라는 생각이 자리 잡고 있었기 때문에 아무것도 이루어지지 못한 것이다.

반면 애쓰다 지쳐서 반쯤 포기했을 때는 잠재의식에 변화가 일어난 시기다. 어떠한 계기인지 모르더라도 잠재의식이 '이미 이루어졌네'라고 바뀐 것이다. 결과에 집착하는 사람은 잠재의식이 실패한 상황에 머무르고 있다는 것을 말해준다. 성공했다는 사실을 아는 사람은 결과에 집착하지 않기 때문이다. 반면, 반쯤 포기함으로써 집착에서 벗어난 현상은 잠재의식이 이미 좋은 결과를 받았다는 증표이다. 스포츠에서 이런 일들을 흔히 찾아볼 수 있다. 축구선수가 볼을 차는 순간 골을 직감했을 때 볼이 골망을 가르는 것을 확인하지 않는다. 곧바로 동료들에게 달려가며 세러머니를 준비한다.

볼링을 잘 치는 친구가 볼을 굴렸을 때 스트라이크를 직감했다면 굳이 핀이 넘어가는 것을 확인하지 않는다. 볼을 굴리고 바로 뒤돌아서서 하이파이브를 하러 다가온다. 천재 형이상학자로 알려진 네빌 고다드는 자신이 무언가를 원한다면 먼저 원하는 상태에 머물러야 한다고 이야기한다. 부자가 되고 싶다면 이미 잠재의식 속에서 부자가 되어야 한다. 부자가 된 것을 느끼고 부자가 된 것처럼 자연스럽게 행동해야 한다. 실제로 당신이 잠재의식 속에서 부자가 되었다면 내일 당장 당신에게 몇백억의 돈이 들어온다고 해도 생활의 변화가 전혀 없을 것이다. 오늘의 당신이나 내일의 당신 모두 이미 부유한 상태였기 때문이다.

"부자가 돼서 이것도 사고 저것도 사야지!"라고 말하는 사람은 잠재의식을 바꾸기 전까지 자신이 원하는 만큼의 부를 얻을 수 없을 것이다. 리처드 폴 에반스는 베스트셀러 작가가 되는 것이 꿈이었다. 현실은 책 한 권 출판하지 못한 신세였지만 말이다. 그러던 어느 날 리처드 폴 에반스의 눈길을 사로잡은 사건이 있었다. 베스트셀러 작가들의 사인회가 열린다는 것이었다. 이 사인회는 미국 전국서점협회가 개최하는 데다가 《뉴욕타임스》에서 선정한 베스트셀러 작가들을 모아놓은 사인회였다. 최고 중의 최고들이 모이는 자리였던 것이다.

리처드 폴 에반스는 그 사인회 날이 되자 그 사인회장을 찾아갔다. 그의 손에는 이제 막 자비로 출판한 책들이 들려 있었다. 그는 다른 베스트셀러 작가들의 사인을 받는 대신 그들 옆에 자신의 부스를 만들었다. 그러자 믿기 힘든 일이 일어났다. 사인을 받으러 온 독자들이 리처드 폴 에반스를 베스트셀러 작가라고 착각해버린 것이다. 그곳에 있던 독자들은 리처드 폴 에반스 부스 앞에 줄을 서서 사인을 받기 시작했다. 이 사건이 일어난 이후 약 1년 정도가 지나자 그가 출판한 책이 실제로 베스트셀러 1위에 올랐다.

리처드 폴 에반스의 성공 이야기는 너무 황당하게 느껴질 수도 있다. 하지만 잠재의식의 원리를 알고 있다면 너무나 자연스러운 이야기이다. 잠재의식 속에서 베스트셀러 작가가 돼야만 현실에서 베스트셀러 작가가 될 수 있다. 이미 베스트셀러 작가가 되었던 리처드 폴이 사인회에서 베스트셀러 작가로 참가한 것은 자연스러운 현상이었다. 베스트셀러 작가를 알아보고 독자들이 사인받기 위해 줄을 섰던 것도 당연한 상황이었다.

정주영은 가난했던 한국 땅에 조선소를 세워야겠다는 꿈을 가지고 있었다. 하지만 현실적으로 한국이 조선소를 만드는 것은 불가능했다. 배를 만들 수 있는 기술도 없었고, 배를 만들고 조선소를 세울 돈도 없었다.

정주영은 조선소를 세우기 위해 돈을 일단 빌려야겠다는 계획을 세운다. 돈을 빌리기 위해 이곳저곳 알아보았지만 대부분이 거절했다. 돈을 빌려주더라도 한국이 그 돈을 갚을 역량이 안 된다는 것이 이유였다. 그때 당시 한국의 경제 상황을 생각했을 때 돈을 빌려주지 않는 것은 합리적인 판단이었다.

정주영은 포기하지 않고 영국의 버클레이즈 은행을 움직여 보기로 결심했다. 그는 런던에 있는 롱바톰 회장을 찾아갔다. 롱바톰 회장은 A&P 애플도어 사를 운영하고 있는 사람이었다. 정주영은 롱바톰 회장에게 추천서를 받을 생각으로 롱바톰 회장을 설득하기 시작했다. 그렇지만 롱바톰 회장은 꿈쩍도 하지 않았다.

"지금 배를 사겠다는 사람도 없는 상황이군요. 조선 기술이 증명된 것도 아니고 한국이라는 나라가 빌려준 돈을 갚을 잠재력이 있다고 생각하지 않습니다."

그때 정주영은 주머니에서 5백 원짜리 지폐를 꺼냈다. 그리고 지폐의 그림이 보이도록 테이블 위에 펼쳐놓았다. 지폐 안에는 거북선이 그려져 있었다.

"이것 보시오. 이건 거북선이오. 우리나라는 1500년대에 이미 철로 된 배를 만들었소. 당신네들은 1800년대부터 배를 만들기 시작했다고 알고 있소. 우리가 당신네보다 300년이나 앞선 셈이오. 산업화가 늦어져서 능력이 잠깐 녹슨 것뿐이지 우리들의 잠재력은 충분하다오."

롱바텀 회장은 웃으며 고개를 끄덕거렸다. 그런 뒤 군말 없이 버클레이즈 은행에 추천서를 써주었다.

하지만 문제가 모두 해결된 것은 아니었다. 버클레이즈 은행에서는 배를 구매하겠다는 선주가 없어서 돈을 빌려줄 수 없다고 못 박았다. 조선소도 없고 조선 기술도 없는 한국에서 배를 사겠다는 사람을 찾아야 했던 것이다. 정주영은 자신이 조선소를 짓고 싶었던 울산 바닷가를 찍었다. 그 사진에는 백사장과 나무 몇 그루가 전부였다. 그리고 26만 톤급의 배 도면을 하나 구해다가 들고 다녔다. 그는 그가 가지고 있던 백사장 사진과 도면을 들고 오나시스의 처남으로 알려진 리바노스를 찾아갔다. 그는 리바노스에게 파격적인 제안을 했다.

"여기 보이는 백사장에 조선소를 지어서 배를 만들 거요. 지금이 좋은 품질의 배를 매우 싼 값에 살 수 있는 좋은 기회요. 배를 만들어 주겠다는 약속을 못 지키면 이자를 얹어서 돈을 모두 돌려주겠소. 배에 하자가 있어도 원금 그대로 돌려주겠소. 우리 배를 사주시오."

리바노스는 정주영 회장의 제안을 수락했다. 이후 정주영은 순조롭게 은행에서 돈을 빌릴 수 있었다. 그리고 이때 세운 현대 중공업은 한국에서 가장 큰 기업 중 하나가 되었다. 정주영은 현실에서 배를 만들기 이전에 이미 잠재의식 속에서 배를 만들어 수출하고 있었다. 세계적인 거물들이 정주영의 잠재의식 속에 있는 배를 보고 신뢰한 것은 놀라운 일이 아니다. 그들 역시 잠재의식 속에서 무언가를 만들고 현실로 이루어낸 경험이 있었기 때문이다. 잠재의식은 이미 이루어진 것만 이뤄낼 수 있다. 내일을 바꾸고 싶다면 오늘 잠재의식을 바꿔나가야 한다.

오늘 부유하면 내일도 부유할 것이고, 오늘 행복한 상태에 있으면 내일도 행복한 상태에 머무를 것이다. 자신의 인생이 매우 만족스럽다면 지금 하고 있는 생각에 주의해야 한다. 지금 느끼고 있는 감정을 최대한 느껴라. 다른 생각들이 들어오지 못하게 하라. 지금 가지고 있는 생각을 지키면 앞으로도 만족스러울 것이다. 지금 행복한 기분을 느끼면 앞으로도 행복할 것이다. 하지만 오늘날의 인생이 만족스럽지 못하다면 생각을 바꿔라. 당신이 느끼고 싶은 감정을 느껴라. 당신을 즐겁게 만드는 생각만 하라. 그럼 당신의 현실도 곧 행복하고 즐겁게 바뀔 것이다.

잠재의식에 대한 모든 결정은 나 스스로가 하는 것이다

> "당신은 살면서 당신 자신의 우주를 창조한다."
>
> - 윈스턴 처칠

우리들은 모두 자신만의 세상을 창조해나가고 있다. 그 세상은 우리들의 생각 속에서 이미 만들어지고 현실로 드러난다. 눈에 보이는 세상을 바꾸려고 하면 아무것도 바뀌지 않는다. 우리들의 세상은 우리들의 내면에 자리 잡고 있기 때문이다. 불교에서는 세상의 모든 것이 허상이라고 말한다. 눈에 보이는 것들은 내면에 있는 생각들을 드러내주고 있는 허상에 불과하다는 것이 이미 수천 년 전에 밝혀진 셈이다. 세상의 모든 부와 명예를 거머쥐었다고 알려진 솔로몬 왕이 모든 것을 얻은 뒤에 이렇게 말한다.

"헛되고 헛되며 헛되고 헛되니 모든 것이 헛되도다!"

솔로몬 왕은 눈에 보이는 모든 것을 손에 넣고 나니 그것들이 아무런 의미가 없다는 사실을 깨달았다. 많은 사람들이 눈에 보이는 것을 토대로 모든 것을 판단한다. 돈이 많으면 행복해 보이고 큰 권력을 잡으면 세상을 내 마음대로 주무를 수 있을 것만 같다. 똑똑한 사람들은 성공할 것 같고, 사람들 비위를 잘 맞춰주면 사랑받을 것 같다. 하지만 우리가 지금 어떤 현실을 보고 있던 그것은 하나의 의견일 뿐이다. 결코 진실이 될 수 없다. 세상 모든 것이 자신의 생각에서 비롯되었다는 사실을 깨달았던 사람들은 다른 누군가의 의견을 거부하고 자신만의 세상을 만들었다.

솔로몬과 같은 실수를 하는 사람이 많다. 자신이 원하는 삶을 살기 위해서는 돈을 많이 벌어야 한다고 생각한다. 하지만 그런 사람은 뭐든 할 수 있을 만큼 많은 돈을 결코 벌지 못할 것이다. 진짜 현실은 자신의 잠재의식 속에 존재하고 있기 때문이다. 자신의 잠재의식을 바꾸지 않는 이상 얼마를 벌든 부족하다는 생각을 지울 수 없을 것이다. 돈이 많은 사람이 계속해서 더 많은 돈을 원하는 이유가 잠재의식과 관련이 있다. 잠재의식이 가난하면 빌딩을 사고 넓은 땅을 살 수 있는 경제력이 있더라도 항상 가난한 상태에 있을 것이다.

일본에서 최고의 부자로 알려져 있는 사이토 히토리는 중학교밖에 나오지 못했다. 그는 중학교를 졸업한 이후 바로 일을 시작해야 했기 때문이었다. 학력 때문에 성공하기는 힘들다는 사회의 시선과 압력에도 사이토 히토리는 신경 쓰지 않았다. 오히려 고등학교, 대학교 7년을 제외한 시간 동안 그는 더 많은 사회 경험을 쌓았기 때문에 훨씬 유리하다고 생각했다. 모두가 알다시피 오늘날 사이토 히토리는 학력에 구애받지 않고 살고 있다.

헨리 포드는 "당신이 무엇이든 할 수 있다고 믿으면 그것이 맞다. 당신이 할 수 없다고 믿어도 그것이 맞다."라고 말한다. 포드 역시 우리들의 삶은 우리들이 어떤 생각을 하느냐에 달렸다는 것을 이야기 했다. 포드 역시 자신의 말을 삶으로써 보여주었다. 세계 대전 중에 미국의 《시카고 트리뷴》에서 포드를 조롱하는 기사를 실었다. 포드가 초등학교밖에 나오지 못해 무식하다는 기사였다. 포드는 《시카고 트리뷴》을 상대로 명예훼손 소송을 걸었다.

변호사는 포드가 멍청하다는 사실을 증명하기 위해 다양한 질문을 던졌다. 초등학교에서 배우지 않는 것이지만, 고등학교만 나와도 충분히 알 수 있는 질문이었다. 변호사가 한 시간 동안 질문을 했지만 포드는 침묵을 지켰다. 변호사가 지쳐갈 때쯤 포드는 일어서서 변호사에게 손가락질하며 말했다.

"내가 그 바보 같은 질문에 대답하는 방법은 매우 쉽소. 내 책상에 있는 전자 버튼 하나만 누르면 사람 한 명이 달려올 거요. 그 사람은 당신이 물어본 모든 질문에 대답해줄 거요. 뿐만 아니라 그 사람은 당신이 절대 대답하지 못할 질문을 할 수도 있소. 그런데 내가 이런 쓸모없는 질문에 대답해야 할 이유나 들어봅시다."

법정은 순식간에 침묵에 잠겼다. 아무도 포드의 말에 반박할 수 없었기 때문이다. 변호사와 판사의 세상과 포드의 세계는 차원이 달랐다. 변호사와 판사들은 높은 학위를 받지 않으면 높은 자리에 오를 수 없다고 믿었다. 그리고 아는 것이 많아야 똑똑해질 수 있다고 생각했다. 하지만 포드의 세계에서는 그런 법칙이 통하지 않았다. 초등학교만 졸업해도 세계 최고 기업의 사장이 되기는 충분했다. 아는 것이 없어도 필요한 지식을 마음대로 활용할 수 있었다. 뿐만 아니라 헨리 포드는 자신이 필요한 만큼 돈을 쓸어 담을 수 있었다. 나폴레온 힐은 헨리 포드가 돈을 모으는 과정을 보고 이렇게 말했다.

"핸리 포드는 해변에 어린아이가 양동이에 모래 담듯이 돈을 쓸어 담는군."

헨리포드의 능력을 아는 사람이라면 헨리 포드가 일주일 만에 10억 달러(약 1조 2천억 원)를 모은다는 말을 하더라도 의심하지 않을 거라고 한다. 헨리 포드는 그의 삶을 통해 생각이 현실이 된다는 사실을 모두에게 이야기하고 있다.

많은 사람들이 인생을 사는 공식이 있는 것처럼 이야기한다. 그렇기 때문인지 '~을 해야 한다'는 말을 즐겨 사용한다. "성공하려면 공부를 해야 한다"라거나 "사람들에게 인정받으려면 높은 학위를 가지고 있어야 한다"라는 말을 많이 한다. 하지만 이런 말들은 잠재의식의 능력을 발휘하지 못하게 한다. '~을 해야 한다'고 말하는 사람은 자신이 아직 자신이 원하는 것을 가질 자격이 없다고 생각하고 있다는 것이기 때문이다.

우리가 원하는 모습이 되기 위해서는 우리가 갖추어야 할 것은 아무것도 없다. 잠재의식 속에서 이미 자격을 갖춘 사람만이 자신이 원하는 모습이 될 것이다. 사이토 히토리와 포드는 사람들에게 자격이 없다는 말을 많이 들었다. 세상은 학력이 낮은 사람은 큰 기업의 사장이 될 자격이 없다고 믿었기 때문이다. 하지만 사이토 히토리와 포드의 잠재의식은 이미 큰 기업의 사장이 되어 있었다. 사이토 히토리와 포드가 거부가 되는 데는 그것만으로 충분했다. 다른 사람이나 주변 환경에 자신의 삶에 대한 책임을 돌리면 잠깐 동안 자유로워진다. 자기가 처한 상황들이 자신의 선택과 책임 밖에서 이루어지고 있으므로 내가 할 수 있는 것은 아무것도 없기 때문이다.

이런 생각 역시 옳다. 하지만 잠재의식 속에 이렇게 무능력한 자아상을 심어놓는다면 눈앞에 닥친 안 좋은 상황들은 평생 바뀌지 않을 것이다. 그 상황을 바꿀 수 있는 유일한 방법은 모든 문제의 해결책이 자신의 생각 속에 존재한다는 것을 인정하는 것이다. 사이토 회장은 어떤 일이 발생하든지 그 책임은 100퍼센트 자신에게서 비롯된 것이라고 이야기한다. 그리고 이 사실을 인정하는 즉시 해결책이 눈에 들어오기 시작한다고 말한다. 자신의 인생을 스스로 책임지기로 한 순간부터 변화가 시작되는 것이다.

베스트셀러 작가이자 영화 〈시크릿〉에 출연한 조 비테일은 원래 노숙자였다. 그는 작가라는 꿈을 가지고 있었지만 항상 가난 속에서

허덕였다. 그는 항상 불행한 인생을 불평하며, 자신에게만 가혹한 세상을 저주했다. 그러던 어느 날 조 비테일은 한 가지 깨달음을 얻게 되었다. 작가는 가난하다는 생각이 자신의 머릿속에 있었던 것이다. 조 비테일은 잠재의식에 대해 알아갈수록 자신의 가난한 생각이 가난한 현실을 불러왔다는 사실을 알게 되었다. 정신을 차리고 다시 생각해보니 세상에는 부유하게 살아가는 작가도 많이 존재했다. 조 비테일은 그 이후에 자신의 잠재의식을 바꾸는 데 모든 노력을 기울이기 시작한다.

그리고 그의 잠재의식이 완전히 바뀌었을 때 그는 베스트셀러 작가가 되었고 가난에서 벗어날 수 있었다. 하지만 여전히 조 비테일은 잠재의식에 한계가 존재한다고 생각했다. 잠재의식으로 주변에 있는 사람까지 바꿀 수는 없다고 생각했던 것이다. 그때 조 비테일은 휴렌 박사를 만나게 된다. 휴렌 박사는 하와이에 있는 정신병동에서 일했던 사람이었다. 그 병동은 고약하기로 소문난 병동이었다. 그곳에서는 정신병을 가지고 있는 범죄자들을 수용하고 있었기 때문이었다. 그곳에서 일한 사람은 한 달을 채 버티지 못하고 그만두었다. 병동에 남아 있는 사람들도 병동 안에서는 벽을 등에 붙이고 돌아다녔다. 뒤에서 공격받을 위험이 있었기 때문이었다.

휴렌 박사는 그 병동에 부임하고 나서 다른 전문의들과는 다른 행보를 보였다. 그는 단 한 번도 환자를 진료하지 않았다. 그는 환자가 아니라 종이에 써져 있는 기록을 보면서 치료했다. 혼자서 치유 과정을 시작하자 환자들이 치료되기 시작했다. 몇 달 만에 수갑을 차고 있었던 환자들은 병동 안을 자유롭게 다닐 수 있게 되었다. 약 없이는 생활하지 못하던 환자들도 약을 줄이게 되었다. 결근과 이직을 밥 먹듯이 하던 직원들은 모두 즐겁게 일을 하고 있었다. 나중에는 환자 수보다 직원 수가 많아지게 되었다. 시간이 조금 더 흐르자 환자가 없어 정신병동이 폐쇄되었다.

휴렌 박사는 자신이 만나게 되는 사람들도 자신의 잠재의식과 관련이 있다는 것을 알고 있었던 것이다. 조 비테일은 휴렌 박사를 만난 뒤 충격에 휩싸였다. 자신의 상황은 100% 자신의 책임이었던 것이다. 그는 자신의 책《호오포노포노의 비밀》에서 자신이 지금 어떤 생각을 품고 있는지 독자들에게 고백한다.

1. 물질적 우주는 내 생각의 발현이다.
2. 내 생각이 병들었다면 그 병든 생각이 신체의 질병을 유발한다.
3. 내 생각이 완전하다면 그 완전한 생각이 사랑이 넘치는 물질적 현실을 창조한다.
4. 지금 존재하는 물질, 우주의 모습은 전적으로 나의 책임이다.
5. 병든 현실을 유발하는 병든 생각을 교정하는 것은 전적으로 나의 책임이다.
6. 외부라는 것은 존재하지 않는다. 모든 것은 내 마음속에 생각으로 존재한다.

조 비테일이 자신의 인생을 책임지기 시작했을 때 변화가 일어났다. 세상의 모든 일이 자신의 잠재의식 속에서 이루어진 일이라는 것을 깨닫는 것이 출발이었다. 자기 자신이 주변 상황을 바꿀 수 없다고 말하는 사람들이 많다. "어떤 미친놈을 만나서 내 인생이 망했어."라던가 "거지 같은 환경에서 태어나서 희망이 없어."라고 이야기한다. 물론 안 좋은 환경 때문에 안 좋은 잠재의식이 심겨질 수는 있다.

하지만 자신의 잠재의식 속에서 이미 이루어진 세상이 현실에 나타난다는 사실은 변함이 없다. 비극적인 상황들이 당신의 눈앞에 나타난다면 주위를 둘러볼 필요가 없다. 그것은 당신의 잠재의식이 비극적인 상황 속에 놓여 있다는 증거에 불과하기 때문이다. 당신의 주변에 나타나는 모든 것들은 당신에게 교훈을 주기 위한 선생님이다. 좋은 것이든 나쁜 것이든 그것들이 당신의 마음속에 존재한다는 사실을 말해주기 때문이다.

결국 당신의 모든 것들은 당신의 선택에 의해서 이루어졌다. 어느 누구도 당신의 선택을 막을 수는 없다. 당신의 세상을 마음대로 바꿀 수 있는 것은 세상에 존재하지 않는다. 이 사실을 깨달은 조 비테일은 자신이 원하는 생각들을 잠재의식 속에 품기로 결정을 내렸다. 베스트셀러 작가만이 베스트셀러 작가가 될 수 있다. 정신병자를 이미 치료한 의사만이 환자들을 치료할 수 있다. 당신이 원하는 상태에 머무르는 것. 그것이 당신이 원하는 상태가 되는 방법이다.

인간에게 주어진 유일한 자유는 어떤 생각을 선택할 것인지의 자유이다. 이것은 잠재의식의 원리를 깨닫지 못하는 사람이 자유롭지 못한 삶을 살아가는 이유이기도 하다. 생각을 선택할 자유가 있다는 것은 우리들의 운명을 선택할 수 있다는 의미다. 자신의 생각을 자유롭게 선택할 수 있게 된 사람들에게 주변환경과 태어난 핏줄은 의미를 잃는다. 만약 지금까지 자신의 삶을 책임지지 못하고 있다고 느낀다면 오늘부터 자신의 인생을 책임지기로 선택하기를 바란다.

우리는 우리가 원하는 삶을 창조하고 바꿀 수 있다. 환경과 어려움이 우리들의 인생을 좌지우지하는 무기력한 상황을 벗어날 수 있다. 우리의 삶을 아름답고 행복하게 만들어갈 수 있다. 모든 결정은 나 스스로 내리는 것이다. 자신의 머릿속에 들어오는 생각들에 주의를 기울이고 자신이 원하는 생각들로 삶을 만들어간다면 머지않아 그 생각들은 현실로 드러나게 될 것이다.

STEP 2

성취는 이미
이루어져 있다

지금 당신의 인생은 과거 당신이 했던 상상의 결과물이다

살다 보면 꼭 그런 사람이 있다. 세상의 모든 불행을 짊어지고 가는 것 같은 사람. 반면 세상의 모든 행운을 가진 것 같은 사람이 있다. 무슨 일을 하든 운이 따라준다. 안 될 것 같은 일도 이 사람 손에서는 가능하게 된다. 일반 사람들은 이렇게 다른 두 사람의 차이를 정확하게 구분하지 못한다. 그냥 태어나서부터 행운이 결정된다고 믿는 사람이 있다. 그런 사람은 불행에 빠지지 않는 것을 다행이라고 여긴다. 행운을 바라지만 자기에게 올 것을 기대하진 않는다. 착한 일을 하면 행운이 따라온다고 믿는 사람들이 있다. 이런 사람들은 불운한 사람들을 비판한다. 모르긴 몰라도 안 보이는 데에서 구린 짓을 하고 있을 거라고 생각하기 때문이다.

그리고 자신에게 행운이 따르지 않으면 절망한다. '빌어먹을 도대체 얼마나 착한 짓을 해야 하는 거야.' 하지만 불행한 사람과 행운이 따라다는 사람의 차이는 그런 것이 아니다. 태어나면서부터 결정되지도 않고 착한 일을 한다고 행운이 커지지는 않는다. 그들의 차이는 바로 상상의 차이다. 이 사실은 평범한 사람들에게도 적용된다. 그들이 평범한 상상을 하면서 지냈기 때문에 평범하게 살아가고 있는 것이다. 평범한 사람들은 논리와 이성에 의존하는 경향이 있다. 평범한 사람은 논리를 중요하게 여기기 때문에 불행에 쉽게 빠지지 않는다.

논리적인 사람은 많이 일하면 많은 돈을 벌 수 있을 거라 굳게 믿는다. 돈을 많이 벌고 싶으면 일을 더 많이 한다. 일을 더 많이 하고 돈을 더 많이 받아간다. 논리적인 사람은 이것을 당연하게 생각한다. 하지만 불행한 사람은 논리적이지 않는 상상을 한다. 많이 일해도 자신에게는 돈이 더 조금 들어올 것이라고 생각한다. 이해는 안되지만 불행한 사람은 더 많은 일을 하게 되더라도 수입은 점점 줄어든다. 하지만 평범한 사람의 논리적인 사고방식은 행운을 불러일으키지도 못한다. 일을 줄이면 돈이 많아질 거라는 상상을 못 하기 때문이다. 운이 좋은 사람들은 논리를 별로 중요시 여기지 않는다. 일을 하지 않고도 돈을 벌 수 있다고 생각한다.

그렇게 일을 많이 하지 않아도 많은 돈을 가져간다. 평범한 사람들은 이런 사람들을 이해하지 못한다. 그래서 그들의 논리에 행운의 사람들을 끼워 맞추기 위해 '우연'이라는 단어를 만든다. 그들에게 과학적으로 설명하지 못하는 사건은 모두 우연히 일어난 일이다. 논리적이지 않은 일들 역시 우연이라고 생각하고 잊어버린다. 하지만 행운이 넘치는 사람들의 입장은 다르다. 그들은 세상에 우연이 없다고 생각한다. 그들의 행운마저도 계산의 일부였다. 그들에게 세상에 우연은 없다. 상상의 힘만 있을 뿐이다. 사이토 히토리는 자신의 성공비결을 제자들에게 알려주기 위해 이런 말을 했다.

"누군가 경마를 엄청 열심히 연구해서 예상한다고 하더라도 겨우 한 번이나 맞출 거야. 계속해서 맞추는 것은 정말 천문학적인 확률이 되겠지. 인생도 똑같은 법이야. 자네들이 불행을 겪었다고 해서 실망할 건 없어. 그런데 자네들 삶에 계속해서 불행이 닥친다면 그건 다른 이야기지. 자네들한테만 천문학적인 확률의 일들이 생길 이유는 없거든. 그렇다면 그 불행을 우연이라고 해서는 안 된다네. 분명히 어떤 이유가 있어서 자네들이 불행을 끌어당기게 된 거야. 그러니 불행이 처음 찾아왔을 때 그 불행의 고리를 바로 끊어버리게."

우리들이 겪는 일들은 우리들의 과거에 하고 있던 상상의 결과물이다. 불행이든 행운이든 당신이 상상했던 것들이다. 불행한 사람은 자꾸 불행이 덮쳐오는 상상을 한다. 길을 가다 껌을 밟는 상상. 새로 산 자동차를 꼬마 아이들이 돌로 차를 긁고 있는 상상. 비 오는 줄 알고 하늘을 봤더니 건물 위에서 사람들이 침을 뱉고 있는 상상. 불행한 사람들은 온갖 가지 불행한 일들을 상상하고 있다. 그들이 의식하지 못할 뿐 그들 마음 깊숙한 곳에서 끊임없이 불행할 준비를 하고 있다.

미래를 행운으로 가득 채우기 위해서는 불운한 과거와는 다른 새로운 상상을 해야 한다. 내가 신호등을 건널 타이밍에는 항상 초록불이 밝혀주고 있다. 새 차를 살 돈이 모자랐는데 이벤트에 당첨돼 저렴하게 차를 구매하게 됐다. 지나가던 꼬마아이가 금덩이를 쥐어준다(농담이다!). 베스트셀러 작가이자 기업가인 롭 무어는 《레버리지》라는 책에서 봅이라는 직원을 소개한다. 소프트웨어 개발에 있어서 최고 수준의 실력을 갖추고 있었다. 그의 업무 능력은 얼마 지나지 않아 회사에서 인정받았다.

얼마 지나지 않아 그의 연봉은 1억 7,000만 원까지 치솟았다. 회사에서는 그의 업무 비결이 궁금해지기 시작했다. 그래서 조사관을 보내 봅이 어떻게 일을 하는지 알아보려고 했다. 봅을 관찰해본 결과 놀라운 사실이 밝혀졌다. 봅은 일을 하지 않고 있었다. 업무시간에 페이스북을 보거나 이베이를 둘러보는 시간이 대부분이었다. 봅에 대해 더 자세히 조사해보니 그의 성공비결을 쉽게 알 수 있었다. 그는 일 년에 3,500만 원을 주고 중국 아웃 소싱 회사가 자신의 업무를 모두 처리하게 만들었다. 봅의 기행은 여기서 끝난 것이 아니었다.

그는 다른 회사와도 계약이 되어 있었다. 같은 방법으로 여러 곳의 회사에서 동시에 일을 하고 있었던 것이다. 롭 무어는 자신이 성공하기 이전에는 봅을 나쁘게 생각했다고 고백했다. 아무런 일도 하지 않고 막대한 돈을 벌고 있었기 때문이다. 하지만 성공의 비결을 깨우치고 자신의 분야에서 성공을 거둔 다음에는 생각이 바뀌었다고 한다. 만약 봅 같은 직원이 자신의 회사에 있다면 더 많은 연봉을 주고 승진시킬 것이라고 이야기한다. 봅의 재능을 배워서 그의 업무 능력을 다른 분야에 적용한다면 회사는 더 발전할 것이기 때문이다.

롭 무어가 성공하고 난 뒤 가장 중요하게 여기게 된 것은 노력의 힘이 아니었다. 롭 무어는 봅이 가지고 있는 상상의 힘을 본 것이다. 보통 직원들은 일하지 않고 돈 버는 것을 상상조차 하지 못했다. 반면 봅은 일하지 않고 막대한 돈을 벌 수 있는 방법을 상상했다. 그리고 그 상상을 현실로 만들어냈다. 봅이 했던 일은 다른 직원들도 충분히 할 수 있었다. 봅이 일을 했던 방식은 어렵고 대단한 것이 아니었기 때문이다. 하지만 봅은 남들이 하지 못한 상상을 했다. 그리고 그 상상이 현실이 될 수 있다는 것을 의심하지 않았다.

돈을 버는 것뿐만 아니라 이 원리는 우리 인생의 모든 부분에 적용된다. 상상할 수 없는 것은 현실이 될 수 없다. 하지만 상상할 수 있는 것은 모두 현실로 이루어낼 방법이 존재한다. 그렇기 때문에 우리들은 지금 자신이 무슨 상상을 하고 있는지 주의해야 한다. 지금 하고 있는 상상이 현실로 이루어지기 원하는 상상인지 끊임없이 되물어야 한다. 지금 당신이 하는 상상이 반복될수록 잠재의식 속에 더 깊숙이 자리 잡게 될 것이다. 그리고 당신의 잠재의식은 당신의 상상을 현실로 이룰 수 있는 창의적인 방법들을 제시해 줄 것이다. 그것이 당신이 원하는 것인지 아닌지는 상관이 없다.

성공한 사람들은 하나 같이 상상의 힘을 알고 있었다. 지금 하는 상상이 미래를 결정지을 것이라고 굳게 믿었다. 아인슈타인은 "상상은 삶의 핵심이다. 앞으로 펼쳐질 미래의 시사회다"라는 이야기를 했다. 베스트셀러 작가인 조 비테일은 자신이 생각하는 것들은 보통 3일 이내에 이루어진다고 말하기까지 했다. 성공한 사람들은 상상의 힘을 알기 때문에 안 좋은 상상을 하지 않도록 많은 노력을 기울인다. 논리를 의지해서 살아가는 사람들에게는 이해가 안 될지도 모르겠다. 하지만 성공한 사람들은 알고 있다. 올바른 상상을 먼저 하지 않고 생각 없이 열심히 사는 것은 인생에 큰 도움이 안 된다는 사실을 말이다.

힐튼 호텔을 세워 백만장자가 된 콘래드 힐튼 역시 상상의 힘을 알고 있었다. 그가 아무도 가진 것이 없던 시절에 매일 빼놓지 않고 열심히 하던 것이 있었다. 그것은 세상에서 가장 큰 호텔 사진을 보는 것이다. 책상 위에 그 사진을 붙여놓고 자신이 큰 호텔을 가지고 있는 상상을 했다. 모두가 알다시피 그가 과거에 했던 상상들은 현실이 되었다. 현재 6개 대륙에 500개가 넘는 곳에 힐튼 호텔과 리조트가 자리 잡고 있다. 사람들이 힐튼 콘레드에게 성공 비결을 물어보면 흔히 이런 대답을 했다.

"많은 사람들은 성공이 재능과 노력으로 되는 줄 알아요. 근데 성공은 그런 것들로 이룰 수 있는 게 아닙니다. 생생하게 성공한 모습을 상상할 수 있는 사람이 성공을 부를 수 있는 거에요. 제가 호텔에서 벨보이 일을 하던 시절 있었어요. 그때 저와 같은 벨보이 중에서 저보다 일을 더 열심히 하고 더 잘하는 사람도 많았어요. 그런데 제가 그들과 다른 점이 딱 하나 있었습니다. 그것은 항상 성공한 모습을 상상했다는 거예요."

모두가 한 번쯤 이런 경험이 있었을 것이다. 파리가 집에 들어와 나를 성가시게 만든다. 요놈이 꽤 잽싸서 죽이기가 쉽지도 않다. 그래서 차라리 집 밖으로 쫓아내기를 선택한다. 파리를 내보내기 위해 창문을 활짝 열었다. 그런데 요놈이 창문 쪽으로 가는가 싶더니 닫혀 있는 쪽의 창문을 향해 몸을 세게 부딪친다. 한두 번 부딪치면 깨달을 만도 한데 수십 번 부딪치다가 밖으로 나가는 것을 포기한다. 그리고 계속 좁은 집 안을 날아다닌다. 자신이 상상하는 것을 바꾸지 않고 삶을 바꾸고 싶어 하는 사람은 이런 파리와 같은 신세다.

사람의 삶은 상상 안에 갇혀 있기 때문이다. 돈이 많아지면 인생을 바꿀 수 있는 사람은 로또를 산다. 높은 권력을 얻을 수 있다고 믿는 사람은 높은 권력을 가진 사람에게 온갖 아부를 떤다. 하지만 이들은 자신이 원하는 것을 절대 얻지 못할 것이다. 설사 그것을 얻게 된다고 해도 그 이전의 삶과 아무것도 달라진 것이 없다는 사실만 알게 될 것이다. 중요한 것은 지금 당신이 어떤 상상을 하고 있느냐에 달렸다. 그리고 현실이 될 때까지 그 상상을 붙잡고 있을 끈기만이 필요할 뿐이다.

뇌의 99%는 비어 있기 때문에 상상으로 생각을 채워야 한다

　인간이 상상 안에 갇힐 수밖에 없는 이유가 있다. 우리 눈에 보이는 모든 것들은 상위 차원에 먼저 존재한 이후 현실로 나타난다. 그런데 상위 차원에 있는 생각을 현실로 이끌어내는 데 필요한 것이 상상이다. 우리는 상상을 통해서 상위 차원에 도달할 수 있고 상상으로 그곳에서 생각을 가져온다. 우리들의 감각 기관에서 상상을 담당하는 기관은 뇌이다. 뇌가 하는 일이 굉장히 많은 것 같지만 사실 뇌가 하는 일은 단순하다. 뇌는 상위 차원에서 생각을 받아들이는 일을 하는 것이다. 인간을 텔레비전이라고 생각한다면 뇌는 안테나 역할을 한다. 우리 주변에는 수많은 채널과 주파수가 존재하고 있다.

　그중에서 우리가 원하는 채널을 선택하면 텔레비전의 안테나는 그 채널에 맞는 주파수를 받아들인다. 그리고 우리가 원하는 채널을 화면을 통해 보여준다. 뇌도 같은 역할을 담당한다. 우리의 잠재의식이 채널을 선택한다. 뇌는 그 채널에 맞는 상상을 한다. 머지않아 그 상상은 우리들의 현실에 보인다. 뇌의 다른 역할들도 존재하지만 가장 중요한 역할은 이렇게 생각을 받아들이는 일이다.

신경 생물학자인 벤자민 리벳이 한 실험을 했다. 뇌전도 기계를 피실험자들에게 설치했다. 그리고 뇌에서 어떤 일이 벌어지는지 지켜보았다. 그러자 흥미로운 사실이 발견되었다. 사람이 움직이려는 의지는 실제로 움직이기 5분의 1초 전에 발생한다.

그런데 그 의지가 생기기 3분의 1초 전에 두뇌에 파동이 일어나고 있었다. 이 실험은 두뇌가 어떤 생각을 먼저 받아들이고 그 생각을 의식하는 순간 의지가 피어난다는 것을 밝혀냈다. 그리고 그 의지를 기반으로 사람은 행동을 한다. 뇌가 수신기능을 한다는 사실을 알아낸 것이다. 뇌가 송수신 기능을 한다는 것만 깨달아도 우리는 더 좋은 방향으로 삶을 이끌어나갈 수 있다. 문제에 직면했을 때 이를 해결하는 접근 방식이 완전히 달라지기 때문이다. 뇌의 기능을 잘 활용하지 못하는 사람들은 자신의 의식 안에서 해결하려고 한다. 하지만 우리의 의식이 처리할 수 있는 정보는 초당 40비트에 불과하다.

새로운 생각이 들어올 수 있는 문을 의식으로 닫아버리는 것이다. 뇌 활용법을 터득한 사람은 다르다. 그들은 상위 차원에서 새로운 생각들이 들어올 수 있도록 집중한다. 실제로 우리 감각기관으로 들어오는 정보는 매초에 수백만 비트에 달한다. 뇌를 잘 활용할 줄 아는 사람들은 수백만 비트의 정보를 토대로 결정을 내릴 수 있게 되는 것이다. 평범한 사람들이 천재라고 부르는 사람은 이 경우에 해당한다. 천재들은 의식적으로 어떤 일을 하기보다 무의식 상태에서 수많은 생각들을 흡수하는데 있어 달인들이다. 뇌의 수신 기능을 자유자재로 활용할 수 있는 것이다. 라즐로 박사는 천재들을 이렇게 설명한다.

"모차르트나 다른 천재 음악가들이 천재적인 곡을 써내는 것이 크게 대단한 것은 아닙니다. 그들은 그저 새로운 영감과 생각이 가득 차 있는 장소를 알고 있을 뿐이죠. 그들은 그곳에서 악보를 쉬지 않고 보고 있는 것입니다. 그러니까 그들이 쉽게 기억할 수 있었던 것이죠."

천재와 평범한 사람 사이에는 대단한 차이가 존재하지 않는다. 영감과 새로운 생각들이 가득 차 있는 장소를 상상으로 드나들 수 있다면 누구나 할 수 있는 일이다. 그들이 엄청난 에너지를 사용해서 창조하는 것이 아니기 때문이다. 우리가 슈퍼마켓에서 먹고 싶은 과자를 집어서 나오듯이 천재들은 기발한 아이디어를 상위 차원에서 가지고 올 뿐이다.

UCLA에서 천재들의 두뇌 사용법을 연구하기 위해 실험을 했었다. 연구진들은 먼저 보통 사람들의 두뇌를 촬영하고 그 다음 천재들의 두뇌를 촬영해서 서로 비교했다. 평범한 사람들의 두뇌는 더 어려운 문제를 생각하면 할수록 에너지가 급증했다.

반면 천재들은 진짜 깊숙이 생각해야 하는 순간에 에너지가 확

떨어져버렸다. 천재들은 이미 존재하는 아이디어를 가져오는 데 집중하기 때문에 에너지를 더 쓸 필요가 없는 셈이다.

조 비테일은 《돈을 유혹하라》라는 책에서 의지의 중요성을 강조했다. 하지만 시간이 흐르고 더 많은 깨우침을 얻고 성공을 거두고 나서 자신이 했던 말을 뒤집었다. 의지를 운운하는 사람은 바보라고 말한다. 그리고 의지는 자아의 장난감에 불과하다고 밝혔다. 이제 그는 진정한 힘이 영감에서 비롯된다고 확신하고 있다. 의지의 힘을 믿는 사람은 어느 순간 한계에 부딪치기 마련이다.

자신이 의지를 마음대로 할 수 없다는 사실을 깨닫게 되는 순간이 찾아오기 때문이다. 무슨 짓을 해도 어떤 일을 하려는 의지가 생기지 않을 수 있다. 의지로 모든 것이 가능하다고 믿었는데 결국에 의지라는 것은 자신의 의지로 바꿀 수 없다는 것을 깨닫는다. 사실 의지라는 것은 꼭두각시에 불과하다. 잠재의식 속에서 이미 모든 계산이 끝난 다음에 의식에 명령을 내리고 나서야 의지가 피어난다. 잠재의식을 자신이 원하는 모습으로 바꿔놓으라. 그다음엔 상상으로 영감을 끌어오는 법을 익혀라. 그러면 의지는 아무것도 아니었다는 사실을 알게 될 것이다.

수많은 베스트셀러를 집필한 스티븐 킹 역시 영감에 대해 이야기했다. 그는 《유혹하는 글쓰기》라는 책에서 뮤즈라는 상상의 생물체를 소개한다. 그의 뮤즈는 시가를 질경질경 씹고 있는 모습이라고 한다. 항상 제멋대로이고 까다로운 존재다. 그렇기 때문에 뮤즈를 불러내기 위해서는 상당한 노력이 필요하다고 말한다. 스티븐 킹은 창작을 원하는 사람에게 뮤즈를 만족시키기 위해 최선을 다하라고 충고한다. 뮤즈가 가지고 있는 마법의 자루에 있는 것들은 그들의 인생을 바꿔놓을 수도 있기 때문이다. 스티븐 킹은 뮤즈가 자신을 돕게 만드는 조건도 설명해준다. 먼저 주변을 모두 차단하고 자신만의 공간을 만든다. 그리고 창작을 하는 동안은 깨어 있으되 꿈을 꾸는 것과 같은 상태를 유지한다.

마지막으로 같은 시간에 매일 일을 하는 것이다. 그럼 뮤즈가 시가를 질겅질겅 씹으며 마법을 펼쳐줄 것이라고 말한다. 또 스티븐 킹은 작품을 쓰는 과정을 화석 발굴하는 것에 비유한다. 그는 어떤 세계에 있는 이야기를 온전히 발굴하는 것이 좋은 이야기를 만드는 비법이라고 말한다. 스티븐 킹은 뮤즈라는 캐릭터를 만들어 창작하는 법을 설명했지만 결국 같은 이야기를 하고 있다. 어딘가에 이미 존재하는 이야기를 상상으로 도달한다. 그 이야기를 현실로 잘 옮겨냈을 때 하나의 작품이 탄생한다. 스티븐 킹에게 뮤즈는 모든 생각과 영감이 있는 곳이었다. 화석을 발굴하듯이 이미 존재하는 이야기를 상상으로 발굴한다.

우리들이 뇌를 적절히 활용하려면 뇌를 혹사시켜서는 안 된다. 스티븐 킹처럼 이미 존재하는 것을 발굴하는 데 사용해야 한다. 천재들을 보며 경외감을 가지고 자신은 절대로 그들처럼 될 수 없다고 말하는 사람들이 있다. 그 말은 사실이다. 그들은 절대로 천재가 될 수 없다. 눈에 보이는 하위 차원에만 머물러 있다면 말이다. 눈에 보이는 세계에만 의존하는 사람들과 상위 차원을 보는 사람들의 차이는 하늘과 땅 차이다. 천재들을 따라잡으려고 눈에 보이는 지식들을 쓸어 담는 것은 무의미하다. 천재들은 새로운 것을 가져와버리기 때문이다. 하지만 평범한 사람들도 뇌를 적절히 사용할 수 있다면 천재가 될 수 있다.

뇌의 송수신 기능은 창조할 뿐만 아니라 거의 모든 상황에서 쓸 수 있다. 어디에 주파수를 맞추느냐에 따라서 다가올 불행을 피하게 도와줄 수도 있다. 아니면 행운이 깃든 곳이 어디인지 알아차리게 도와줄 수도 있다. 눈에 보이지 않는 세계에 있는 것들이 현실로 내려오게 되면 주파수를 발산하기 마련이다. 사소한 것들은 뇌로 그 주파수를 잡아내기 쉽지 않다. 하지만 거대한 사건들은 강한 주파수를 내뿜기 때문에 평범한 사람들도 알아차리게 되는 경우가 많이 있다.

1918년 11월 11일, 나폴레온힐은 새벽 3시에 눈이 떠졌다. 그를 깨운 것은 아무것도 없었다. 그냥 이상한 느낌 때문에 눈이 떠진 것이다. 일어나서도 그 느낌이 지워지지가 않았다. 결국 옷을 입고 거리 밖으로 나가보았다. 거리에는 수천 명이 나와 있었다. 그들 모두 나폴레온 힐과 같은 현상을 경험했던 것이다. 그들은 당황스럽게 무슨 일이 일어난 건지 서로 물어보고 있었다. 시간이 지나자 나폴레온 힐은 그 사건의 의미를 깨닫게 되었다. 그날 세계 1차 대전이 끝이 난 것이다. 군인들이 내뿜은 강력한 파장을 모든 사람이 같이 느끼고 있었다. 나폴레온 힐은 정상적인 사람이라면 이 파동을 느낄 수밖에 없었을 거라고 말한다.

평범한 사람들 역시 뇌로 파장을 감지하는 법을 모르는 것뿐이지 모두가 감지하고 있다. 실제로 큰 사고가 있기 전에 그 사고를 감지하는 경우도 많다. 안 좋은 느낌이 들어 원래 가기로 했던 곳에 가지 않았는데 그곳에서 사고가 일어났다는 이야기는 한 번쯤 들어봤을 것이다. 타이타닉호가 침몰할 때도 그랬다. J. P. 모건과 허쉬 초콜렛의 창시자인 밀턴 허쉬를 비롯한 수많은 사람들이 마지막 순간에 타이타닉호 탑승을 취소했다. 아마 그들은 침몰사고가 날 것이라는 것까지는 예측을 못했을 것이다. 하지만 분명 타이타닉호를 타게 되면 자신들에게 안 좋은 일이 닥칠 것이라는 것은 알고 있었다.

이렇게 뇌를 사용하기만 해도 누릴 수 있는 혜택은 무궁무진하다. 현대에는 지식이 많이 늘어나고 있지만 오히려 뇌를 적절히 활용하고 있지는 않는 것 같다. 뇌에 쓸모없는 지식들로 가득 채우면서 뇌에게 무의미한 고통을 안겨줘서는 안 된다. 뇌의 본래 역할에 맞게 송수신을 잘 할 수 있도록 개발시킨다면 새로운 차원의 삶을 경험하게 될 것이다. 다른 차원에 있는 새로운 지식들로 뇌를 가득 채워라. 자신이 원하는 상상을 하면서 뇌의 주파수를 원하는 곳에 맞춰라. 당신이 원하는 주파수를 찾게 된다면 당신의 삶은 원하는 것들로 하나씩 채워지기 시작할 것이다.

스트레스는
지금 즉시 변화하라는
시그널이다

삶이 내가 기대했던 대로 흘러가지 않는다면 사람들은 스트레스를 받기 마련이다. 그럴 때는 잠깐 시간을 내어 자신이 바른 방향으로 가고 있는지 확인해보아야 한다. 스트레스는 변화하라는 신호이기 때문이다. 어떤 변화가 필요한지는 각자의 상황에 따라 다를 것이다. 어떤 사람은 일하는 방식이 잘못된 것일 수도 있다. 목표를 향한 접근 방식이 잘못되어서 일의 성과가 기대에 미치지 못하는 경우가 있기 때문이다. 또 어떤 사람은 자신에게 맞지 않는 일을 하고 있는 것일 수도 있다. 그럴 때는 자신에게 맞는 일로 바꿀 방법을 찾는 것이 급선무이다. 아니면 단순히 잘못된 생활 습관 때문에 발생한 것일 수도 있다.

필요한 만큼 충분히 잠을 자지 않았다거나 식습관이 잘못되어 몸에 이상이 생겨도 스트레스를 받기 때문이다. 그럴 때는 생활 습관을 건강하게 바꾸어야 한다. 이 외에도 스트레스를 일으키는 요인은 수만 가지가 있다. 하지만 한 가지는 모두 똑같다. 스트레스를 받는다면 변화해야 할 때다. 물론 건강한 스트레스에 대해 이야기하는 사람도 있다. 어느 정도의 스트레스는 더 강해질 수 있는 데 도움을 준다고 주장하면서 말이다. 하지만 그것은 스트레스라 부르기보다 성장통에 가깝다. 성장을 할 때 성장통을 겪듯이 이런 자극은 오히려 내가 원하는 것에 가까워지고 있다는 신호이다.

변화를 요구하는 스트레스와 성장하고 있음을 알려주는 성장통은 구별하기 쉽다. 스트레스와 성장통의 관계는 병에 걸린 것과 근육통을 앓는 것처럼 비슷하다. 병은 건강관리를 잘못했을 때 걸리게 된다. 질병은 미리 예방하는 것이 좋지만 그렇지 못해서 걸려버렸다면 일단 하던 일을 멈춰야 한다. 몸을 충분히 쉬어주면서 잘못된 습관을 고쳐나가야 한다. 질병을 겪고 나서도 똑같은 일상을 반복한다면 몸 상태는 더욱 악화될 것이다. 반면 몸을 더 강해지도록 하기 위해서 근육통은 피할 수 없다. 근육통은 더 강해지고 있다는 징조이다. 이런 종류의 고통은 강해지겠다는 욕구를 이루게 도와준다.

질병과 근육통이 같은 고통에 불과하다고 생각할 수 있지만, 정반대의 개념이다. 마찬가지로 스트레스와 성장통을 같은 신호로 받아들이면 곤란하다. 이 둘을 가장 쉽게 구분할 수 있는 방법은 고통의 방향을 점검 해보는 것이다. 질병은 몸을 더 약하게 만든다. 그 고통으로 얻는 이익이 하나도 없다. 스트레스 역시 고통을 통해 얻게 되는 것이 없다. 고통을 받으면 받을수록 자신이 기대했던 삶과는 멀어진다. 반면 성장통은 자신의 목표를 향해 한 발짝 나아가도록 도와준다. 그리고 그 고통을 통해 자신이 원하는 것을 얻을 수 있다는 사실을 알 수 있다. 그런 이유로 누구든지 성장통은 기꺼이 이겨내려고 할 것이다.

피터 딘클리지는 〈왕좌의 게임〉이라는 미국 드라마에서 티리온 라니스터 역할을 맡은 것으로 알려진 배우이다. 그는 에미상, 골든 글로브, 새틀라이트 등 다양한 시상식에서 상을 휩쓸며 뛰어난 연기 실력을 인정받기도 했다. 하지만 그가 처음부터 성공적인 인생을 산 것은 아니었다. 그는 스트레스를 받았을 때 변화를 선택하기 시작한 이후부터 삶이 변하기 시작했다. 피터 딘클리지는 29살 때까지 자신이 하기 싫은 일에 매달려 있었다. 데이터를 처리하는 일을 했는데 돈을 많이 주는 것도 아니었다. 10년간 난방도 없는 집에서 살아야 했다. 그리고 6년 동안이나 그 일을 해야 했다. 피터 딘클리지는 느끼기 시작했다.

자신이 겪는 고난과 가난에는 방향이 없다는 것을. 자기가 하고 싶은 일을 하면서 보람을 느끼는 것도 아니었다. 지금 고통을 이겨 낸다고 해서 가난에서 벗어날 수 있는 것도 아니었다. 그는 스트레스를 받고 있었다. 6년간의 스트레스 끝에 피터 딘클리지는 깨달았다. 변하지 않으면 나아지지 않을 것이라는 것을 말이다. 그때 피터 딘클리지는 결심했다. 일단 이 일을 그만둬야 한다는 것을 말이다. 그는 그렇게 6년 동안 일했던 직장을 나왔다. 물론 그 이전보다 삶은 더 가난해졌다. 인터넷도 사용할 수 없었다. 핸드폰도 없었다. 먹을 것도 제대로 사먹지 못해 항상 굶주려 있었다.

하지만 데이터 처리 업무를 그만둔 이후 겪는 고통은 성장통이었다. 피터 딘클리지는 자신이 하고 싶었던 배우의 길을 걷기 시작했던 것이다. 그는 어떤 역할이든 가리지 않았다. 돈을 얼마 주든 신경 쓰지 않았다. 그는 닥치는 대로 배역을 맡아 연기를 하기 시작했다. 결국 그는 세계에서 가장 성공한 배우가 되었다. 만약 피터 딘클리지가 데이터 처리를 했을 때 겪었던 스트레스를 무시했다면 그는 결코 고통에서 벗어날 수 없었을 것이다. 20년이 지나든 30년이 지나든 그는 난방이 없는 방에서 생활하고 있었을 것이다. 무엇보다도 자신이 하기 싫은 일을 하며 목표도 없이 살아가고 있었을 것이다.

스트레스는 만병의 근원이라고 말한다. 하지만 스트레스가 보내는 메시지를 잘 파악한다면 스트레스는 좋은 선생님이 된다. 우리가 잘못된 길로 들어섰을 때 방향을 바꾸라는 채찍질이기 때문이다. 선생님의 따끔한 충고를 잘 받아들이면 더 좋은 사람이 될 수 있다. 마찬가지로 스트레스가 보내는 아픈 충고를 잘 받아들이면 더 좋은 삶을 살게 될 것이다. 스트레스가 없는 곳은 당신이 더 크게 성장할 수 있는 곳이다. 스트레스가 없는 곳에서 당신은 어떤 어려움도 극복해낼 수 있다. 당신의 인생이 올바른 길로 나아가고 있기 때문이다. 당신의 눈앞에 더 좋은 삶이 보이기 때문이다. 일본에서 백만장자로 유명한 사이토 히토리 역시 스트레스가 보내는 신호를 알아차리는 데 달인이었다. 그는 《부자의 운》이라는 책에서 초등학생 때를 회상하며 이야기한다.

"제가 이런 생각을 하게 된 것은 초등학교 때부터였습니다. 당시 저희 집에 종종 어른들이 모여 자신들의 고생담을 나누곤 했는데, 저는 곁에서 엿들으며 한 가지 사실을 깨닫게 되었습니다. 성공하지 못한 사람들은 대체로 잘못된 행동을 해서 고생을 하고 있더군요. 쓸데없이 자기과시를 한다든가, 수입보다 많은 지출을 하고 있다든가, 혹은 자신이 못하는 일을 하고 있는 것과 같이 말이죠. 반면 성공한 사람들의 말을 들었을 때는 하나같이 자신이 잘하는 일을 해서 성공했다는 것을 알 수 있었습니다. 자신이 잘하는 일이란, 결국 자신에게 쉬운 일을 뜻합니다. 그러니 고생 따위는 할 필요가 없었겠지요."

초등학생 때 사이토 히토리는 어른들의 말을 들으며 스트레스에 올바른 방법으로 반응하는 법을 깨달았다. 그때 어른들은 모두 스트레스 상태에 있었다. 그리고 자신들이 얼마나 많이 스트레스를 받으며 고생하고 있는지 자랑처럼 떠벌렸다. 하지만 사이토 히토리는 스트레스가 주는 교훈을 빠르게 알아차렸다. 잘못된 태도들 때문에 스트레스를 받는다면 태도를 바꾸면 그만이다. 돈 소비 습관이 잘못되어 고통받는다면 소비 습관을 바꾸면 되는 것이었다. 자기에게 맞지 않는 일을 하느라 힘들어한다면 자신이 잘하는 일을 찾아서 하면 되는 것이었다. 사이토 히토리 역시 성장통을 겪었을 것이다. 하지만 억지로 스트레스를 받는 일은 없었다.

우리들의 삶은 스트레스에 어떻게 반응하느냐에 달렸다고 해도 과언이 아니다. 스트레스만 잘 피해가도 우리들은 성공적인 길로 이끌리게 된다. 일하는 방식이 잘못됐다면 계속 스트레스를 받을 것이다. 일하는 방식을 바꾸지 않는 이상 스트레스는 멈추지 않기 때문이다. 휴식이 필요할 때 계속 일을 한다면 스트레스를 받을 것이다. 스트레스는 당신이 병에 걸려 몸져눕게 해서라도 휴식을 취하게 만들 것이다. 당신과 같이 있어서는 안 될 사람과 같이 있다면 스트레스를 받을 것이다. 대개 스트레스 주는 사람은 당신이 가고 싶은 길을 가는 데 방해를 하고 있을 가능성이 크다.

그럴 때는 적정한 거리를 유지할 수 있는 방법을 생각해야 할 것이다. 스트레스는 절대 나쁜 것이 아니다. 하지만 스트레스를 받고도 변화하지 않는 것은 나쁘다. 삶이 당신이 원하는 방향으로 가고 있지 않다면 일단 멈춰라. 그 상황에서 계속 앞으로 가는 것은 당신의 궁극적인 목표에서 더 멀어지게 만든다. 물론 그럴수록 스트레스는 갈수록 심해질 것이다. 당신이 스트레스를 받는다면 일단 스트레스에게 고마워하라. 당신이 잘못 가고 있다는 사실을 알려주고 있기 때문이다. 그래서 스트레스를 벗어날 수 있는 방법을 찾는 데 힘을 쏟으라. 스트레스를 벗어날 때마다 당신의 삶이 한층 더 성장해 나가는 것을 볼 수 있을 것이다.

자신의 가슴이
원하는 것을 해야
잠재의식이 폭발한다

요즘의 현대인들은 자신이 원하는 것을 하지 않는 것을 미덕으로 여긴다. 심지어는 자신이 원하는 것을 하지 않을 때 성공할 수 있다고 이야기한다. 하지만 이것은 명백한 거짓말이다. 원하는 것을 하지 않는 것은 나 자신과 다른 사람 모두에게 나쁘다. 내가 하기 싫은 일을 할 때 나는 행복을 잃고 만다. 그리고 그 부정적인 에너지를 주변에 뿌리며 안 좋은 영향을 미친다. 그리고 자신이 원하는 일을 하지 않는 사람은 성공할 수 없다. 성공하기 위해서는 항상 동기부여가 되어 있어야 한다.

더 일을 잘 해내고 더 많은 일들을 소화시킬 수 있는 준비가 되어 있어야 한다. 그런데 자기가 하고 싶지 않은 일에 동기부여가 될 리가 없다. 사람들은 돈으로 동기부여 할 수 있을 것이라고 착각을 한다. 하지만 돈으로 동기부여 하는 것은 한계가 있다. 돈으로 성공할 수 있을 만큼의 동기부여는 절대로 불가능하다. 보통 일을 잘하면 많은 돈을 벌 수 있다고 생각한다. 하지만 일을 잘해내는 대가는 더 많은 돈이 아니다. 일을 잘하는 사람에게는 더 많은 일을 준다.

성공하는 사람은 더 많은 일을 할 수 있다는 것에 동기부여를 받는다. 자신이 원하는 것을 더 많이 할 수 있기 때문이다. 하지만 실패하는 사람은 동기부여가 점점 떨어진다. 입에 풀칠할 정도의 돈만 벌 수 있게 되면 더 일을 잘하려고 하지 않는다. 자신이 싫어하는 일만 잔뜩 늘어나기 때문이다. 성공하는 사람은 자신이 원하는 것만 할 뿐이다. 그러면 돈은 자연스럽게 따라온다. 조금만 관찰해보면 성공한 사람치고 자신의 일을 사랑하지 않은 사람이 없다는 것을 알 수 있다. 피카소는 자신이 하는 일에 대해서 이렇게 설명한다.

"일을 하고 있는 것이 제에겐 쉬는 거예요. 아무것도 하지 않고 있는 거나 손님을 만나는 일이 저를 피곤하게 하죠."

소설가 마크 트웨인도 피카소와 같은 입장이다. 그는 일을 휴가처럼 만드는 것이 성공할 수 있는 방법이라고 말한다. 역사상 최고의 천재들은 자신이 좋아하는 일을 선택했다. 그들이 하기 싫은 일을 해야 성공한다는 거짓말을 믿었다면 절대 성공할 수 없었을 것이다.

트럼프는 사업을 통해 세계에서 알아주는 부자로 성공했다. 겉으로 보기에는 트럼프가 사업가이기 때문에 돈만 밝히는 것으로 생각할 수도 있다. 하지만 트럼프는 그의 저서인《거래의 기술》을 통해 그가 사업을 하는 이유를 이렇게 밝혔다.

"나는 돈 때문에 거래를 하는 것은 아니다. 돈은 얼마든지 있다. 내게 필요한 양보다 훨씬 많다. 나는 거래 자체를 위해서 거래를 한다. 거래는 나에게 일종의 예술이다. 어떤 사람들은 캔버스에 아름다운 그림을 그리고 또 훌륭한 시를 쓴다. 그러나 나는 뭔가 거래를 하는 것이 좋다. 그것도 큰 거래일수록 좋다. 나는 거래를 통해서 인생의 재미를 느낀다. 거래는 내게 하나의 예술이다."

트럼프가 원하는 것은 돈이 아니었다. 트럼프는 언제나 재미를 추구했다. 그는 자신이 만족할 만한 보상을 받고 상대가 원하는 것을 주었을 때 큰 기쁨을 느꼈다. 그것이 트럼프가 끊임없이 사업체를 늘려가고 새로운 거래를 시도했던 이유였다. 우리 가슴속에서 원하는 것들은 우리가 잘할 수 있는 일들이다. 자신의 재능을 찾고 싶다면 좋아하는 것을 하면 된다. 하는 것만으로 기쁨을 느낄 수 있는 것보다는 더 큰 재능은 없기 때문이다.

현대에 만연하고 있는 거짓말이 하나 더 있다. 원하는 것은 여유가 생겼을 때 해야 한다는 것이다. 이런 거짓말을 받아들이는 사람들은 기이한 삶을 살아간다. 하고 싶은 것을 하기 위해 하루에 10시간씩 하기 싫은 일을 하면서 사는 것이다. 그런데 정작 하기 싫은 것을 하느라 바빠서 하고 싶은 것 할 여유는 없다. 하고 싶은 것이 생겠다면 그것을 느꼈을 때가 바로 그것을 할 때이다. 무언가를 하고 싶다는 것이 느껴지면 잠재의식 속에 이미 모든 계산이 끝난다는 증거다. 당신이 지금 해야 할 것이 무엇인지 계산한다. 그리고 당신이 그 일을 해낼 수 있는 능력이 있는지 계산한다. 당신이 할 수 있는 일이고 해야 할 일이라면 그 일을 하고 싶어진다. 심리학에서는 '성공 가능성 × 성공의 매력 = 동기부여'라고 말한다. 동기부여가 강하게 되고 있다는 것은 그만큼 성공 가능성이 크다는 이야기다.

"만약 당신 안에 어떤 소망이 일어났다고 해보죠. 그럼 당신은 그때 그 소망을 이룰 수 있는 힘이 존재하고 있다는 사실을 깨우쳐야 합니다. 그 힘이 작고 약해 보이더라도 말이죠."

리처드 버크 역시 원하는 즉시 하는 것이 옳다고 주장한다. 할 수 있는 능력이 없다면 원하게 되지도 않는다. 사실 우리 모두가 원하는 것이 있으면 곧바로 하면서 성장해왔다. 우리가 태어나서 어머니의 젖을 먹고 싶으면 그냥 먹었다. 누군가 가르쳐준 것이 아니다. 뒤집을 수 있는 능력이 생기면 뒤집었다. 한 번에 성공하지 못하지만 계속 뒤집으려고 시도한다. 그리고 얼마 지나지 않아 해낸다. 걸을 때가 되면 일어서려고 발버둥 친다. 이후엔 한 발짝 한 발짝 걷기 시작한다. 부모님이 걸을 때가 됐기 때문에 잔소리를 퍼부어서 걷는 것이 아니다. 걸으면 돈을 주겠다고 누군가 제안한 것도 아니다. 그냥 걷고 싶었기 때문에 걸었다.

하고 싶은 것을 할 수 있을 만한 상황이 갖춰지길 기다리는 사람들은 그런 상황을 절대 만나지 못할 것이다. 원하는 것이 생긴 그 순간이 그것을 할 수 있는 최적의 시간이기 때문이다. 설령 그런 상황이 온다고 하더라고 그때는 하지 못할 것이다. 더 이상 그때 원하던 것을 할 수 있는 능력도 없을 것이다. 무엇보다 더 이상 그것을 하고 싶은 마음이 없을 것이다. 못 믿겠다면 잠깐 시간을 내어서 과거를 돌아보라. 10년, 20년 전에 무엇을 원했는지 생각해보라. 그리고 그때 원하던 것들 중 지금도 원하는 것이 얼마나 있는지 생각해보라.

스티브 첸 역시 처음에 무슨 대단한 일을 하려고 한 것이 아니었다. 전에 일하던 페이팔이라는 회사를 그만두고 딱히 하는 일이 없는 상황이었다. 그때 자신과 같이 일했던 채드가 실리콘벨리로 돌아왔다는 소식을 듣는다. 스티브 첸은 채드와 재밌는 일을 할 수 있을 거라고 생각했다. 스티브 첸은 곧장 채드에게 전화한다. 초등학생이 놀이터로 자신의 친구를 부르는 것과 같은 느낌이었다.

"어이 채드! 나 요즘 심심한데 뭐라도 좀 하고 싶어! 너도 그렇지 않아?"

"응 나도 마찬가지야. 몸이 근질근질하던 차였다고."

스티브 첸은 채드와 같이 지내다가 문득 재밌는 동영상을 모두가 공유할 수 있는 세상이 왔으면 좋겠다는 생각을 했다. 스티브 첸은 그 당신 캠코더로 동영상을 찍는 데 재미를 느끼고 있었기 때문이다. 뿐만 아니라 자신이 예전에 봤던 재밌는 동영상을 찾고 싶은데 도저히 찾을 수가 없었다. 자신이 찍었던 재밌는 동영상을 마음껏 공유하고 보고 싶은 동영상을 쉽게 찾아볼 수 있었으면 좋겠다는 생각이 들었다. 그때부터 스트브 첸은 채드와 함께 동영상을 마음껏 공유할 수 있는 시스템을 구축하기 시작한다. 동영상을 누구나 쉽게 공유하고 볼 수 있도록 하기 위해서는 사이트 이용이 무료여야 했다.

그런 이유로 스트브 첸은 자신이 만든 사이트를 유지시키기 위해서는 막대한 빚을 져야 했다. 무료로 이용하게 해주면서 돈을 벌 수 있는 방법이 없었기 때문이다. 하지만 자신의 사이트를 이용해주는 사람들이 많아지는 것을 보면서 보람을 느꼈다. 그는 사람들이 많아지면 돈은 어떻게든 해결될 것이라 믿었다. 그래서 완벽한 시스템을 만드는 데만 집중했다. 머지않아 스트브 첸이 만든 사이트는 폭발적인 인기를 끈다. 세계에 유튜브 열풍이 불기 시작한 것이다. 나중에 구글은 유튜브를 16억 달러(약 1조 9,500억 원)에 사들였다. 스티브 첸이 원하는 것을 열정적으로 하기 시작했을 때 그의 잠재력은 폭발했다.

스티브 첸 역시 그만큼의 성공은 예상하지 못했을 것이다. 애초에 큰돈을 바라고 시작한 것이 아니었기 때문이다. 하지만 그의 잠재의식이 원하는 것은 그가 생각한 것보다 더 컸다. 그는 자신이 생각했던 것보다 더 큰 능력을 가지고 있었다. 원하는 것을 바로 하지 않았다면 절대 그는 자신의 능력을 보지 못했을 것이다. 그런데 문제는 자신이 원하는 게 뭔지 모르는 사람들이 있다. 그런 사람은 하기 싫은 것만 하도록 강요하는 환경에 지냈을 가능성이 높다. 하기 싫은 것만 하면서 살다 보니 하고 싶은 것을 생각해보지 못한 것이다. 이런 사람은 먼저 자신을 사랑하는 것부터 시작해야 한다.

흔히 성공하는 사람들은 성공에 취해 방탕하게 살다 망한다고 이 야기한다. 하지만 그것은 자신이 원하는 대로 살아서가 아니다. 어느 시점부터 원하는 것을 포기한 것이다. 돈이 많고 책임이 높아질수록 자신이 원하는 것을 좇는 것이 더 힘들어진다. 성공한 것처럼 보여도 사람들이 거는 기대와 돌봐야 할 사람에 대한 책임을 이겨내지 못하면 원하는 것을 포기한다. 그런데 아이러니하게 그때부터 그 사람은 무너져 내리고 주변 사람에게도 악영향을 미친다. 원하는 것을 하는 사람은 다른 사람에게 해를 가하지 않는다. 사람들에게 해를 가하면 결국 사람들이 자기가 하고 싶은 것을 못하게 막기 때문이다. 범죄를 저지르면 감옥에 간힌다. 부도덕한 일을 하면 사람들은 원하는 것을 못하도록 최선을 다해 방해한다. 진짜로 좋아하는 것을 좇다 보면 잘못된 일과 자연스럽게 멀어지게 된다.

매니 스툴은 망하기 직전에 있던 호주의 장난감 회사를 인수해 7,200% 성장시킨 것으로 유명한 억만장자이다. 그는 처음 세웠던 회사에서 자신이 꿈꿨던 모든 것을 이뤘다. 하지만 모든 것을 이룬 뒤 지루해지기 시작했다. 그러자 그는 그곳에 이뤄놓은 성공에 머물러 있는 대신 다른 길을 택했다. 가지고 있던 회사를 팔아버렸다. 매니 스툴은 그 이후 시작한 사업으로 억만장자가 되었다.

"좋아하지도 않는 직장에서 일을 하고 있거나 마음에도 없는 일을 하는 사람들이 정말 많단다. 인생을 그렇게 살아서는 안 돼. 자신이 진심으로 즐길 수 있는 일을 해야 해. 그것은 삶에서 정말 중요해. 자기가 좋아하지도 않고 즐길 수도 없는 일은 삶의 에너지를 빼앗아 가버린단다."

매니 스툴이 아이들에게 한 조언이다. 유튜브 창업자인 스티브 첸도 이와 다르지 않다. 스티브 첸은 유튜브로 대박을 친 이후에 오히려 두 발 뻗고 편안하게 잘 수 없었다. 구글로부터 천문학적인 액수의 돈을 꼬박꼬박 받았고, 인센티브도 심심하면 받았다. 스티브 첸이 하는 일은 없었지만 말이다. 어느 날 스트브 첸은 친구 결혼식에 참석하기 위해 라스베이거스에 가게 되었다. 라스베이거스에 온 김에 스티브 첸은 도박을 해보았다. 그런데 몇만 달러를 따버리고 말았다. 스티브 첸은 이때 스트레스를 더욱 받기 시작했다고 고백한다.

'왜 나야? 왜 또 딴 거야? 나한테 돈은 충분히 많단 말이야!'

스트브 첸은 그때부터 자신의 상황에 대해 고민하기 시작했다. 하는 일 없이 계속 돈을 받는 것은 공평하지 않다고 생각했다. 무엇보다 그렇게 돈 버는 것은 재미가 없었다. 스티브 첸은 구글에서 하고 싶은 일이 없다는 것을 깨닫는다. 결국 그는 회사를 박차고 나왔다. 그는 또 다시 재밌는 일을 좇기로 선택한 것이다. 성공은 내가 지금 원하는 것을 하고 있느냐에 달렸다. 좋아하는 일을 하면 일하는 내내 행복할 것이다.

원하는 일을 하게 되면 일을 더 잘하고 싶어진다. 많은 일을 하게 되더라도 견딜 수 있는 힘이 생긴다. 가슴이 원하는 대로 살아가는 사람에게 필요한 것은 모두 따라온다. 하기 싫은 것을 하면서 사는 것이 옳다는 거짓말은 듣지 마라. 인생은 모두가 행복할 수 있는 세상을 만들어가는 과정이다. 내가 원하는 것과 상대방이 원하는 것을 모두 할 수 있도록 질서를 만드는 것이 옳다. 상대방이 원하는 것을 하도록 돕기 위해 나 자신을 희생할 필요는 없다는 것이다.

자동차를 마음껏 운전할 수 있고 걷고 싶으면 걸을 수 있도록 하기 위해 우리는 질서를 만들어왔다. 도로를 만들고 인도를 만들었다. 신호등을 만들고 횡단보도를 만들었다. 덕분에 우리는 운전도 자유롭게 할 수 있고 거리를 자유롭게 걸어 다닐 수 있게 되었다. 이제 이 원리를 인생에 적용할 때다. 내가 원하는 것을 하고 다른 사람도 원하는 것을 할 수 있도록 배려하게 될 때 우리는 성공한 인생을 살게 될 것이다.

STEP 3

믿는 대로
꿈이 모두
이루어진다

내가 진짜 믿고 있는 것이
무엇인지 깨달아야 한다

　우리가 마주하고 있는 대부분의 문제들은 거짓말에서 비롯된다. 다른 사람이 나를 속여서 문제가 생긴다는 것을 말하려는 것이 아니다. 다른 사람은 나를 속일 수 없다. 모든 거짓말은 자기 자신을 속이는 것에서 출발한다. 주위를 둘러보면 자기 자신을 너무 많이 속여서 진실이 무엇인지 모르는 사람들이 너무나 많다. 솔직하게 자신을 둘러보는 것만으로도 대부분의 문제가 해결된다. 곧바로 해결되지 않더라도 해결책이 금세 떠오른다. 세상에 사람들을 스스로를 속이도록 만드는 가장 강력한 도구가 있다. 바딤 젤란드는 그의 저서 《리얼리티 트랜서핑》에서 그 도구를 3가지로 분류한다. 그것은 죄책감, 책임감, 의무감이다.

　이것들에게 사로잡혀 있는 사람치고 스스로에게 정직한 사람은 드물다. 자신을 속이는 사람은 죄책감과 책임감, 의무감 같은 것이 자신을 더 나은 사람으로 만들어줄 거라 생각한다. 이것들에게 굴복하고 자신을 속였을 때 세상이 더 나아질 것이라고 믿는다. 하지만 그들은 자신을 속인 대가를 치른다. 그들은 항상 속고 배신당한다. 책임감은 그들을 노예로 만든다. 죄책감은 그들을 파괴시킨다. 의무감은 그들의 삶을 더 피폐하게 만든다. 자기 자신은 불행해진다. 세상 역시 더 안 좋아진다. 그들은 세상이 자신을 속인다고 부르짖지만 그것은 사실이 아니다. 그들은 스스로를 속이고 있다. 자기 자신을 속이는 사람은 진짜 문제에 마주하지 않는다.

진짜 문제는 우리들의 마음에서 비롯된다. 결국 자기 자신을 속이는 사람은 자기 자신의 마음과 마주하지 않는 사람이다. 사람은 살다 보면 누구나 다른 사람을 미워하는 감정이 생길 수 있다. 하지만 도덕심 때문에 미워하는 마음을 속일 때 문제가 발생한다. 자신이 누군가를 미워한다면 대부분 자기 자신에게 어떤 문제가 있기 때문이다. 그럴 때일수록 자신의 마음을 솔직하게 돌아보고 문제에 직면해야 한다. 내가 그 사람을 왜 싫어하게 됐을까. 내가 그 사람의 행동이 왜 맘에 안 들까. 혹시 나에게 어떤 잘못이 있는 것은 아닌가. 무슨 일이 닥치면 자신의 마음을 먼저 살펴보는 것이 먼저다. 다만 무서울 정도로 솔직해야 한다는 것이다.

자기 자신에게 솔직해지는 것이 어렵지 않게 느껴질 수 있다. 하지만 대부분의 사람은 자기 자신에게 솔직해지는 것에 익숙하지 않다. 예를 들어 부모가 자식을 죽이고 싶다는 마음이 들었다. 그때 솔직하게 '내 자식이지만 죽이고 싶다'라는 사실을 받아들일 수 있는 사람은 드물다. 먼저 죄책감 때문에 속이기로 결정한다. 부모가 자식을 미워하는 것은 나쁘다고 배웠기 때문이다. 책임감의 압력을 받는다. 자식이 품에 떠나가기 전까지 행복하게 만들어줘야 할 책임이 있기 때문이다.

그리고 의무감이 괴롭힌다. 부모는 자식을 사랑해야 한다. 그런데 가장 큰 문제는 마음속의 문제를 다루지 않고 피하는 순간 생겨난다. 문제를 피한다고 해서 해결되는 것은 아니기 때문이다. 미워하는 감정을 부정한다고 해서 없어지지 않는다. 무언가를 부정한다는 것은 그것이 존재한다는 강력한 증거일 뿐이다. 존재하지 않는 것을 부정할 수 없기 때문이다. 자식을 죽이고 싶다고 느낀 이후에 그것을 부정한다고 감정이 사라지지 않는다.

그 감정은 자식에게 그대로 전해진다. 부모로부터 증오의 감정을 느끼는 자녀들은 더 망가진다. 망가지는 자녀를 보며 부모 역시 증오의 감정이 점점 커져간다. 그러다 내면에 있는 안 좋은 감정들을 더 이상 감출 수 없어 터져 나올 때는 돌이킬 수 없게 된다.

마음속의 안 좋은 생각은 마음의 대변 같은 것이다. 대변을 보는 것은 당연한 것이다. 그리고 대변은 안 좋은 것이기 때문에 밖으로 내보내야 한다. 자신이 대변을 본다는 사실을 인정하지 못하는 사람이 있다고 치자. 자신은 깨끗한 존재이므로 대변을 봐서는 안 된다고 생각한다. 대변을 참기로 결심한다. 그러면 자신도 고통스러울

뿐더러 시간이 지나면 몸에 병이 난다. 병이 났는데도 계속해서 참으면 죽을 수도 있다. 마음속에 안 좋은 감정들이 피어나는 것도 같은 이치다. 대변이 마려우면 화장실을 가야겠다고 느끼는 것처럼 안 좋은 감정이 피어나면 그것을 마주하면 그만이다. 도덕심 같은 것으로 문제를 어렵게 만들 필요가 없다. 미국의 베스트셀러 작가인 루이스 L. 헤이는 그녀의 저서《행복한 생각》에서 이렇게 말한다.

"감정을 억누르거나, 뭔가를 털어버리지 못한 채 쌓아두지 마라. 그것은 마음에 황무지를 만드는 일이다. 감정을 마음껏 누릴 수 있도록 자신을 충분히 사랑하라. 알코올 중독처럼 무언가에 중독되면 자신의 감정을 드러내지 못하고 감추게 된다. 그러면 감정을 마음껏 느끼거나 누리지 못한다. 자신의 감정이 바깥으로 표현되도록 해야 한다. 그러기 위해서는 우선 마음속에서 해묵은 감정을 털어내야 한다."

루이스 L. 헤이 역시 솔직하게 자신을 받아들이는 것이 중요하다고 이야기한다. 그리고 자신을 있는 그대로 받아들였을 때 안 좋은 감정을 털어낼 수 있다.

에미넴은 역사상 가장 성공한 래퍼 중 한 명이다. 2000년대 가장 음반을 많이 팔았던 아티스트이고 그래미상을 15차례 수상하기도 했다. 그의 대표적인 음악인〈Lose Yourself〉는 아카데미상에서 최우수 오리지널 노래상을 수상했다. 뿐만 아니라 《빌보드》 차트 hot 100에 12주 동안 1위 자리를 지키며 가장 오래 정상을 지킨 힙합 싱글로 남았다. 백인이었던 그의 성공은 흑인들의 영역이라고 알려진 힙합 장르에서 이루어졌기 때문에 혁명적이기도 했다.

하지만 그는 화려한 성공과는 다르게 불우한 환경에서 자랐다. 아버지는 태어나자마자 어머니와 에미넴을 떠났다. 그래서 에미넴은 어머니와 둘이 디트로이트에 있는 빈민촌에서 어린 시절을 보내야 했다. 에미넴의 어머니는 약물 중독에 시달리고 있었다. 어머니는 마약에 취해 집에서 에미넴을 학대하곤 했다. 에미넴의 고통은 집안에서만 이루어진 것이 아니었다. 에미넴이 살던 곳은 흑인들이 살던 지역이었다. 백인에다가 체격이 왜소하기까지 한 에미넴은 왕따를 당하기 딱 좋은 상대였다. 걸핏하면 복도에서든 화장실에서든 두들겨 맞았다. 그러다가 한번은 화장실에서 얻어맞아 9일간 코마 상태로 있어야 했다.

고등학교 때 자퇴를 하고 랩을 본격적으로 시작했지만 불행은 그칠 줄 몰랐다. 알바와 랩 대회에서 받은 상금으로 아내와 딸을 먹여 살려야 했기 때문이다. 그중에서 에미넴을 더 힘들게 했던 것은 어린 딸을 경제적으로 힘든 상황에 놓이게 만든 것이었다. 그는 딸에게 크리스마스 선물을 주지 못해 혼자 밤새도록 서서 울었다고 고백한다. 에미넴의 앨범이 히트를 치고 삶이 조금 나아지는 듯싶었지만 아쉽게도 그렇지 못했다. 에미넴의 아내였던 킴이 불륜을 저지른 것이다. 결국 에미넴은 킴과 이혼해야 했다. 킴이 마약에 중독되어 있었기 때문에 딸은 에미넴 혼자 도맡아 키워야 했다.

불우한 상황 속에서도 에미넴이 문제를 해결하고 정상에 오른 비결이 있었다. 그것은 그가 자기 자신에게 솔직해지는 데에 달인이었던 것이다. 에미넴은 스스로를 속이지 않았다. 그가 고통 속에서 느꼈던 분노와 증오의 감정들을 랩에 담아냈다. 에미넴은 가사에서 전부인인 킴과 어머니를 죽였다. 그 밖에도 그의 분노의 대상이 되는 사람들은 그의 음악 속에서 심한 욕을 먹거나 죽어야 했다. 에미넴의 노래는 그가 거침없이 내뱉었던 가사 때문에 방송국에서 제제를 하기도 했다. 심지어 그의 노래를 듣지 못하게 하려는 움직임도 있었다.

하지만 그가 솔직하게 그의 분노와 증오에 직면한 모습, 그리고 그 안 좋은 것들을 대처해나가는 모습은 전 세계를 열광시켰다. 음반을 발매한 이후 에미넴의 행보는 그가 그의 안 좋은 감정을 해결해냈다는 것을 보여주었다. 전부인과 자신 사이에 태어났던 딸을 지극한 사랑으로 보살폈다. 딸은 아버지의 사랑에 보답해 바르게 자라갔고 명문대에도 입학하며 화재를 모았다. 뿐만 아니라 전부인과 불륜남 사이에서 태어난 아이와 전부인 언니의 딸까지 입양해서 혼자 길렀다. 전부인 킴이 자살을 시도하러 했을 때 가장 먼저 달려가 그녀의 자살을 막기도 했다. 가사에서 그녀를 죽인 것과는 완전히 다른 행동이었다. 에미넴은 어머니와 법정 다툼까지 벌이며 관계가 최악으로 치달았다.

하지만 이후에 〈Headlights〉라는 곡을 통해 어머니를 사랑한다는 내용의 음반을 발매했다. 어머니를 향한 분노에 가득 찼을 때 에미넴은 그것을 그대로 받아들였다. 도덕심에 사로잡혀 속에 감추지 않았다. 자기 자신을 솔직하게 돌아본 이후에 자신의 문제점도 바라볼 수 있었다. 에미넴은 그렇게 하나씩 문제를 해결해 나갔고 성공적인 인생을 살아나갔다. 우리도 우리 자신을 똑바로 바라보지 않는 이상 문제점을 발견하지 못할 것이다. 하지만 우리를 있는 그대로 인정하고 돌아보는 순간 문제점이 보일 것이다. 그리고 틀림없이 해결책도 함께 보일 것이다.

당신이 인생을 바꾸고 싶다면 지금 당장 대단한 일을 해야 하는 것이 아니다. 거울 앞에서 솔직하게 자기 자신을 마주하는 것이 먼저다. 우리들의 삶을 만드는 잠재의식은 우리 의식 가장 깊은 곳에 자리 잡고 있다. 우리들이 날마다 의식적으로 느끼고 있는 것들을 보지 못하면서 잠재의식을 보는 것은 불가능하다. 우리들이 일상에서 마주하고 있는 자신을 솔직하게 바라보게 될 때 자신의 잠재의식도 조금씩 알아갈 수 있다. 만약 문제를 발견했다면 긍정적인 방향으로 고쳐라. 그렇다면 당신의 인생도 긍정적인 방향으로 조금씩 나아갈 것이다.

강하게 믿으면
잠재의식이 형성되고
무의식적으로 말이 나온다

> "그의 모든 글과 행동, 그리고 내뱉는 모든 말은
> 그 사람 마음속 깊은 곳에 묻혀 있는 본성의 피할 수 없는
> 증거이며 거부할 수 없는 마음의 고백이다."
>
> - 나폴레온 힐,《나폴레온 힐 성공의 법칙》

인생은 자기가 말하는 대로 된다는 이야기를 많이 들어봤을 것이다. 이 말에 동의하는 사람도 있고 이 말은 거짓말이라고 믿는 사람도 있다. 결론부터 말하면 두 의견 모두 맞다. 세상은 말하는 대로 되는 것이 아니다. 믿음대로 된다. 어떤 사람이 하는 말이 믿음에서 비롯된 말이라면 현실이 될 것이다. 하지만 그렇지 못하다면 몇 번을 이야기해도 현실이 될 수 없다. 믿어지지 않는 말을 계속 반복하는 것은 오히려 자신이 믿지 못한다는 사실만을 되새기는 것이다. 만약 당신이 자전거를 타려는 꼬마 아이를 보고 있다고 해보자.

그런데 그 꼬마 아이는 자전거를 타기 전에 큰 소리로 외친다. "난 자전거를 탈 수 있다! 난 자전거를 탈 수 있다! 난 자전거를 탈 수 있다! 아자아자!" 그럼 당신은 마음속으로 이렇게 생각할 것이다. '자전거 아직 못 타는 꼬마구만. 진짜 자전거 타고 싶나 보다.' 자전거를 탈 수 있는 사람은 굳이 말하지 않는다. 그냥 탄다. 부자가 되고 싶어서 "나는 부자 될 수 있다!"라고 말하는 사람도 똑같다. 그 말을 그만하기 전까지 절대 부자가 될 수 없다. 그냥 지금 자신이 부자가 아니라는 사실만 되새기고 있는 것이기 때문이다.

우리는 현실이 믿음으로 만들어진다는 사실을 잊어선 안 된다. 이미 자전거를 탈 수 있는 사람만 자전거를 탈 수 있다. 이미 부자인 사람만 부자일 수 있다. 우리가 바라는 모습이 되기 위해서는 그 모습을 이미 느껴야 한다. 이미 부자인 것을 느끼고 이미 부자가 되었다는 믿음이 있어야 한다. 지금 당장 현실에 그 모습이 되지 않더라도 당신의 상상 속에서는 이미 모든 것이 이루어져 있어야 한다. 에 밀 쿠에라고 하는 자기 최면 전문가는 이런 말을 했다.

"말과 상상력이 충돌하면 무조건 상상력이 이깁니다. 하지만 말과 상상력이 힘을 합치면 두 힘이 단순히 더해지지 않습니다. 이 둘은 엄청난 시너지 효과를 일으킬 것입니다."

말은 당신이 상상하고 있는 것을 이겨낼 수 없다. 당신의 상상과 믿음에 반대되는 말은 버려진다. 상상과 믿음에 기반한 말만 현실에 나타날 것이다. 우리들의 잠재의식 속에 있는 말들은 의식적으로 나오지 않는다. 아무 생각 없이 툭 내뱉는 말들이 자신의 믿음을 정확하게 보여준다. 성공한 사람들이 하는 성공언어들도 이런 원리가 바탕이 되어 있을 때 효력이 있다. 의식적으로 자신이 원하는 것이 되기 위해 같은 말을 계속 반복하는 것이 아니다.

이미 성공한 모습이 잠재의식에 깊숙이 박혀 있어야 한다. 그리고 의식도 못하는 사이에 계속 툭 내뱉게 되는 것이다. 잠재의식에 있는 말들은 무의식중에 나오기 때문이다. 아직 자신이 원하는 성공을 거두지 못하는 사람들도 이 원리만 깨우치면 많은 도움을 받을 것이다. 이 현상을 역으로 이용해서 자신의 잠재의식에 어떤 생각이 있는지 알아낼 수 있기 때문이다. 당신이 아무 생각 없이 "돈 좀 많았으면 좋겠다."라는 말을 툭 내뱉었다고 하자.

그건 당신이 가난하다는 것을 말해주는 것이 아니다. 돈이 많고 적음은 상대적이기 때문이다. 그건 당신의 잠재의식이 가난하다는 증거이다. 그리고 당신의 가난한 잠재의식이 가난한 현실을 만들어 낸 것이다.

그럼 우리는 어떤 것을 고쳐야 우리가 바라는 모습을 얻을 수 있을지 생각해 볼 수 있다. 네빌 고다드의 저서 《네빌 고다드의 5일간의 강의》를 보면 한 제자가 질문을 한다.

"확언과 부인을 사용하십니까?"

그러자 네빌 고다드는 이렇게 말한다.

"유일하게 효과 있고 가장 좋은 확언은 이미 사실인 것으로 받아들이는 겁니다."

정말로 부자가 되었고 그것을 조금이라도 의심을 하지 않는다면 무엇을 하고 있을지 상상해 보아야 한다. 그리고 내가 진짜 부자라고 느끼는 상황에서 툭 튀어나온 말. 그것을 기억해내야 한다. 그리고 다음에 부자인 상황을 유지시키고 싶다면 간단하다. 자신이 부자라고 느꼈을 때 했던 말을 하면서 그 상태를 최대한 느끼는 것이다. 그리고 당신의 잠재의식이 부자인 것이 당연하다고 인식하는 순간 당신은 이미 부자가 되어 있을 것이다. 만약 당신이 부자가 된다면 친구들을 모아놓고 식사를 대접할 생각이라고 하자.

당신은 친구들이 레스토랑 탁자에 앉아 있는 모습을 상상한다. 그리고 그 순간에 친구들에게 한마디 하는 것이다. "너희들이 응원해준 덕에 성공할 수 있었어. 고마워. 오늘은 내가 쏠게 마음껏 먹어." 그렇다면 성공에 가까워지기 위해 해야 할 말은 의미 없는 "나는 백만장자가 될 거야"가 아니다. "애들아 돈 걱정 말고 맘껏 먹어. 오늘은 내가 돈 낼게"이다. 당신이 정말 부자가 됐을 때에만 할 수 있는 말들이 당신의 성공언어이다. 그 말과 당신이 완전히 일치가 됐을 때 당신이 원하는 삶이 펼쳐질 것이다. 자신의 꿈이나 목표를 다른 사람에게 의도적으로 말하는 사람들이 있다.

하지만 꿈이나 목표를 이룰 목적으로 다른 사람에게 자신의 꿈을 말하는 것은 도움이 안 된다. 오히려 당신의 잠재의식에 있는 생각을 다른 사람이 그대로 이야기해줄 것이다. '네 주제에 그걸 어떻게 하겠다는 거야?' 상대방의 뇌는 당신의 뇌와 몸이 보내는 파동을 민감하게 받아들인다. 상대방 입장에서는 아무 생각 없이 내뱉은 말일 것이다. 그런데 그것은 당신의 잠재의식 속에 있는 파동에 영향을 받은 것이다. 당신이 원하는 목표를 모두 이뤘다면 당신은 이미 이룬 목표를 굳이 말하지 않는다. 오히려 다른 형태로 당신의 목표를 이뤘다는 말이 나올 것이다. '이번에는 세계여행이나 다녀올까. 돈이라면 얼마든지 있으니까.'

상대방은 당신이 이미 이루어졌다고 사실로 받아들이는 것과 반대되는 이야기를 하지 못한다. 상대방의 뇌는 당신에게서 나오는 파동을 알아차린다. 당신이 확신에 차서 이야기하면 당신에게 무슨 말을 하든 당신의 믿음에 영향을 줄 수 없다는 것을 알기 때문에 별말을 하지 못할 것이다. 설령 상대방이 당신에게 비판적으로 말하더라도 당신은 신경조차 쓰지 않을 것이다. 상대방의 말에 설득력이 하나도 없기 때문이다. 당장 몇 시간만 지나도 상대방이 비판적인 말을 했는지조차 기억하지 못할 것이다. 네빌 고다드는 《세상은 당신의 명령을 기다리고 있습니다》에서 이렇게 말한다.

"만약에 세상에 대한 반응이 이전의 반응과 같다면, 내가 선택한 것과 하나 되었다고 말할 수 없습니다. 반응이란 것은 자동적으로 이루어지는 것이기 때문에 내가 바뀌었다면 삶에 대한 반응도 자연스럽게 변했을 것입니다. 그래서 '나'의 느낌이 변했다면 나의 반응을 변화시킬 것이고, 그것은 환경과 행동의 변화를 이끌어낼 것입니다."

언어라는 것은 잠재의식이 바뀌면 자연스럽게 바뀌는 것이다. 그리고 말과 주변 상황이 자연스럽게 바뀌는 것을 알아차릴 수 있을 것이다. 이런 과정이 거의 동시에 이루어지기 때문에 어떤 사람 입장에서는 말이 바뀌니까 상황이 바뀌었다고 생각할 수도 있다. 그런데 그 이전에 잠재의식이 먼저 바뀐 것이고 언어와 상황이 자연스럽게 바뀌어 간 것이다. 언어는 당신의 잠재의식을 알 수 있는 좋은 수단이다. 백화점의 왕 존 워너메이커는 어린 시절 사람들 앞에서 자신이 위대한 상인이라도 된 것처럼 이야기하곤 했다. 존 워너메이커의 잠재의식은 이미 거대한 상인이 되어 있었다. 말하는 모습이 너무 자연스러웠다.

그래서 그 어린 소년이 위대한 상인이 될 것이라는 사실을 사람들은 당연하게 여겼다고 한다. 자신이 원하는 모습이 되고 싶다고 억지로 자기가 하는 말을 바꿀 필요가 없다. 그런 노력은 아무런 의미가 없는 경우가 많다. 호박에 줄 긋는다고 수박이 되지는 않는다. 말을 바꾼다고 삶이 더 나아지지 않는다. 중요한 건 내 안의 잠재의식을 바꾸는 것이다. 자신이 원하는 삶을 살고 있다는 믿음이 들어오면 말은 바뀐다. 그리고 자연스레 나오는 말을 통해서 자신이 원하는 모습이 되었다는 것을 느낀다. 그렇지만 이 원리를 잘 이해한다면 말을 통해서 내가 원하는 모습을 잠재의식에 새길 수 있다.

내가 꿈꾸던 상황을 최대한 느껴라. 그리고 이미 꿈을 이룬 사람이 되어라. 꿈을 이룬 내가 일상을 살아가면서 어떤 말을 하는지 귀 기울여보라. 그리고 그때 자연스럽게 하는 말을 기억해두면 좋다. 실패한 것 같은 기분이 들 때면 그때 기억했던 말을 통해서 다시 성공한 모습을 쉽게 되살릴 수 있다. 물론 나중에는 의식적으로 이런 작업을 할 필요가 없을 것이다. 당신은 이미 꿈꾸던 상황에 놓여 있을 것이기 때문이다. 당신이 하는 모든 말이 성공의 언어가 되어 있을 것이기 때문이다.

잠재의식 속에 있는 부정적인 기억을 제거하면 삶의 문제가 해결된다

우리는 살다 보면 크고 작은 일들을 많이 경험하게 된다. 어떤 것은 다음날이면 잊어버리는 사소한 일이다. 하지만 또 어떤 것은 평생을 가도 잊지 못할 만큼 충격적인 사건일 수 있다. 그런데 우리가 겪은 사건들이 부정적이라면 우리 인생에도 부정적인 영향을 미친다. 부정적인 사건이라도 사소한 일은 해결하기 쉽다. 신경을 꺼버리면 그만이다. 생각을 긍정적인 방향으로 돌려놓는다면 부정적인 영향력을 없앨 수 있다. 하지만 문제는 그 사건이 인생에 대단히 큰 영향을 미친 사건일 때다. 너무 충격적이라서 트라우마로 남았다면 그런 방식으로는 해결할 수 없다. 잠재의식에 깊숙이 박혀버렸기 때문이다.

어떤 일을 하든지 그 상처는 우리들의 말과 행동에 영향을 미칠 것이다. 그것을 애써 무시하려고 하는 것은 자기의 인생에 크게 존재하고 있다는 사실만을 가르쳐준다. 존재하지 않는 것은 무시조차 할 수 없기 때문이다. 이 상황에서 우리들의 잠재의식을 긍정적으로 바꾸기 위한 방법은 하나밖에 없다. 일단 자신의 고통과 마주하고 그것을 없애버리는 것이다. 그런 다음 긍정적인 잠재의식을 불어넣는 것이다. 그렇지 않고 긍정적인 잠재의식만 불어넣으려고 한다면 마음속에 있는 상처가 이를 계속 방해할 것이다. 상처와 마주하기 위해서는 먼저 그 상처가 어디에서 비롯되었는지 알아내야 한다.

그러기 위해서는 먼저 처음 그 상처를 얻게 된 상황으로 돌아가야 한다. 그 상처가 과거의 경험에서 비롯된 것일 수 있다. 아니면 상상을 통해서 생겨난 것일 수도 있다. 어쨌든 어떻게 해서 부정적인 믿음을 가지게 되었는지 아는 것이 중요하다. 조 비테일 역시 믿음을 바꾸기 위해서는 처음 믿음이 생기게 된 지점으로 돌아가야 한다고 이야기한다. 루이스 L. 헤이는 부정적인 생각이 대부분 어린 시절에 생겼다고 말한다. 루이스 L. 헤이는 부모님이 어린 시절 했던 부정적인 말을 모두 적어보라고 충고한다. 그러면 언제 상처가 생기기 시작했는지 알 수 있기 때문이다. 이런 상처들은 이미지로 저장되어 있는 경우가 많다.

우리는 이미지를 쉽게 받아들이고 머리에 저장하기 때문이다. 《변혁》이라는 책을 집필한 글랜 박사는 "몸은 정보를 이미지로 저장하고 있다. 그리고 몸에 있는 이미지가 현실을 만들어낸다."고 말했다. 결국 내 잠재의식 속에 자리 잡고 있는 부정적인 이미지를 발견해야 하는 것이다. 무슨 일을 해야 하는데 당신을 주저하게 만드는 이미지가 무엇인지 생각해보라. 사람들에게 다가가고 싶은데 당신을 두려워하게 하는 이미지가 무엇인지 생각해보라. 여기서 한 가지 더 생각해야 할 것은 가장 처음 부정적인 영향을 준 이미지를 찾아야 한다는 것이다. 다른 이미지들은 모두 그 처음 이미지 때문에 생겨난 것이기 때문이다.

사람들과의 관계에서 항상 두려움을 느끼는 A가 있다고 하자. A는 언제부터인지 사람들과 어울리는 것이 무서워졌다. 사람들 앞에서 항상 긴장하게 된다. 그리고 사람들이 친해지려고 다가와도 불안감 때문에 관계에서 뒤로 물러나게 된다. 주변 지인들은 A가 마음에 들어 친해지려고 하다가도 A가 관계를 맺으려고 하지 않자 포기하고 떠난다. A의 입장에서는 결국 모두가 자신을 떠난다고 생각한다. 그래서 A의 기억에는 사람들이 등을 돌리고 떠나는 이미지가 계속 쌓여간다. 그러던 어느 날 A는 언제부터 자신이 관계를 두려워하게 되었는지 생각해보았다. 생각해보니 A는 학창시절에 친구들에게 심한 따돌림을 당한 적이 있었다.

A의 머릿속에는 끔찍한 이미지가 깊숙이 박혀 있었던 것이다. 친했다고 생각하던 친구들이 한순간에 자신에게 등을 돌리는 이미지. 친구들이 자신을 둘러싸고 집단으로 괴롭히는 이미지. 모두가 자신을 조롱하고 경멸의 눈빛으로 쳐다보는 이미지. 시간이 오래 흘러 A는 의식하지 못하고 있었다. 하지만 그때의 기억이 아직도 영향을 미치고 있다는 사실을 깨닫는다. 새로운 사람들이 자신에게 다가와

도 언젠가 돌아서버릴 것이라고 생각했다. 친구들이 갑자기 자신을 공격할 수도 있다고 생각하고 있었다. A의 관계에 문제가 생긴 건 무의식중에 그 이미지를 계속 떠올리고 있었기 때문이었다.

A의 경우 학창시절 따돌림의 기억만 해결한다면 관계문제는 해결될 것이다. 사람들이 A를 떠났던 것은 A가 따돌림의 기억으로 사람들을 거부했기 때문이다. 따돌림의 상처를 극복하면 A는 상황을 객관적으로 볼 수 있게 될 것이다. 그러므로 사람들이 이제까지 자신을 떠나보내야 했던 이유를 이해하게 된다. 그래서 따돌림 이후에 생겨난 부정적인 이미지는 쉽게 털어낼 수 있게 될 것이다. 이런 트라우마를 극복하기 위해서 가장 좋은 방법은 상황을 객관적으로 바라볼 수 있게 만드는 것이다. 사람은 아무리 끔찍한 일도 자기에게 일어난 일이 아니라면 큰 의미부여를 하지 않는다.

살인사건은 사람에게 트라우마를 안겨줄 정도로 큰 사건이다. 그런데 뉴스에서 방영해주는 살인사건을 보면서 트라우마를 겪는 사람은 드물다. 자신이 겪은 일이 아니기 때문이다. 마찬가지로 영화에서 보여주는 살인사건을 보면서 상처 받지 않는다. 영화를 보는 순간에는 고통스러울 수도 있다. 하지만 1시간 정도 지나면 그 장면은 기억도 잘 나지 않게 된다. 자신이 겪은 일을 한 편의 영화로 만들어버리는 것은 상처를 극복하는 데 큰 도움을 줄 것이다. 그리고 따돌림의 경험은 자신이 출현한 영화를 한 편 본 것이라고 잠재의식에 입력하면 해결된다. 잠재의식은 사실과 거짓을 구분하지 않는다는 원리를 이용하는 것이다.

당신이 실제로 경험한 일이라고 해도 그런 적이 없다고 믿는다면 정말 없었던 일이 된다. 《EFT의 새로운 진화, 매트릭스 리임프린팅》이라는 책에서 저자인 칼 도슨, 사샤 알렌비는 영화관 기법을 소개한다. 자신이 겪은 끔찍한 경험을 상상 속에서 영화로 만드는 것이다. 그리고 그것을 계속 관람하면서 상황을 객관적으로 본다. 그리고 그 경험으로부터 오는 고통을 점차 줄여나가는 것이다.

미국 배우 마틴 신이 〈지옥의 묵시록〉이라는 영화를 촬영하던 도중에 생긴 일이다. 그는 필리핀의 정글에서 촬영을 하게 되었다. 주말이면 마틴과 그의 아내인 자넷은 마닐라로 가서 휴식을 취하곤 했다. 어느 날 자넷은 필요한 것이 생겨 시내로 떠나게 되었다. 마틴은 혼자 남아 있었는데 갑자기 몸이 안 좋아졌다. 땀을 뻘뻘 흘리고 극한의 고통을 견뎌내야 했다. 다음 날 아침에 증상은 더 심해졌다. 심장마비 증상까지 보이기 시작한 것이다. 그는 살아남기 위해 기어서 문을 열고 나가 소리를 질렀다. 그리고 마틴은 쓰러져버렸다.

그는 그때 진짜 죽음을 경험했다고 한다. 하지만 그는 살아야겠다고 다짐했다. 있는 힘을 다해 팔을 내밀어 풀잎을 코로 갖다 댔다. 풀잎의 냄새가 나지 않았다. 하지만 시간이 흐르자 서서히 냄새가 나기 시작했다. 그리고 고통이 다시 밀려오기 시작했다. 사람들이 마틴을 발견했을 때 그들은 마틴이 죽을 것 같다고 생각했다. 마틴 역시 자신을 보고 있는 사람들의 반응을 통해서 살아날 수 있다는 믿음에 금이 가기 시작했다. 제작진은 마틴을 시내에 있는 병원으로 데려가기 위해 헬리콥터에 태웠다.

강풍이 불고 있었지만 마틴을 살리기 위해 위험을 무릅쓰고 강풍 속을 비행했다. 병원에 도착하자 사람들은 마틴을 곧바로 응급실로 데려갔다. 응급실에 도착했을 때 마틴은 사람들이 자신을 보면서 죽을 것 같다고 속닥거리는 것을 들었다. 의사는 마틴이 심각한 상태에 놓여 있다고 말했다. 하지만 자넷은 마틴을 두고 보고만 있을 수 없었다. 무언가를 하지 않으면 마틴이 죽을 것 같았기 때문이다. 자넷은 마틴이 눈을 뜰 때까지 기다렸다. 마틴이 간신히 눈을 뜨는 것을 보고 자넷은 환하게 웃었다.

"여보! 이건 영화에요. 이 모든 게 다 영화라고요!"

마틴은 그때 자신이 다시 일어나게 될 것이라는 것을 알았다고 한다. 영화라고 생각하는 즉시 그 상황이 아무것도 아니라고 생각하게 되었던 것이다.

'이게 영화면 심장마비도 진짜로 겪고 있는 게 아닌 거잖아.'

영화는 감독이 "컷"이라고 외치는 순간 끝난다. 마틴도 이런 상황이 결국 끝나게 될 것이라고 믿었다. 마틴은 이후에 건강을 되찾았다. 그리고 자넷의 그 한 마디가 자신을 살렸다고 믿고 있다. 아무리 심각한 일이라도 상황을 3자 입장에서 바라보면 의외로 쉽게 해결된다. 자신이 겪은 일이 아무리 끔찍하더라도 상관없다. 그 기억을 영화처럼 인식하도록 만들 수 있다면 상처를 치유할 수 있게 될 것이다.

상처를 극복하고 밝은 세상을 살기 위해 용서해야 한다는 말을 많이 들었을 것이다. 용서라는 것은 상대방이 나에게 준 상처를 잊어버리는 것을 의미한다. 결국 용서는 다른 사람을 위한 것이 아닌 자신을 위한 것이다. 용서했다고 해서 상처 준 사람과 다시 친해질 필요는 없다. 어떤 사람이 당신을 상대로 범죄를 저질렀는데도 용서했다며 선처를 베풀 필요는 없다. 그냥 당신을 위해서 당신의 잠재의식 속에 있는 그 경험을 없애버리라. 따돌림을 당한 A의 경우에도 잠재의식에 있는 따돌림의 기억을 영화 속에서 일어난 일로 바꿀 수 있다. A는 자신을 영화 속의 주인공으로 상상한다. 따돌리는 친구들은 주인공을 괴롭히는 역할을 맡은 것뿐이다. 괴롭힘이 모두 끝난 뒤에 감독이 "컷" 사인을 외친다. A의 상상 속에서 A와 친구들은 카메라로 둘러싸여 있다. 감독과 스태프들이 그들에게 박수를 보낸다.

"수고하셨습니다."

A를 괴롭혔던 친구들은 넘어져 있던 A를 일으켜 세워준다. 그리고 A 등에 먼지를 털어주며 수고했다고 말한다. A 역시 가볍게 웃으며 그들에게 말한다.

"오늘 연기 좋았어. 덕분에 나도 제대로 몰입했지 뭐야. 진짜 따돌림 당하는 것 같았어."

A가 이 상상이 진짜라고 의식적으로 생각할 필요는 없다. 이성적으로는 과거에 실제 일어난 일로 생각하고 있어도 잠재의식이 진짜라고 기억하면 된다. 그럼 자연스럽게 과거의 경험이라고 하더라도

객관적으로 바라볼 수 있게 된다. 과거의 경험을 상상하는 것도 힘들다면 그 상황을 애니메이션으로 바꾸는 것도 좋은 방법이 될 수 있다. 세계 최고의 라이프 코치 중의 한 명인 토니 로빈스는 안 좋았던 상황을 만화영화로 바꾸면 상황이 가볍게 다가올 것이라고 충고한다. 잔혹하고 끔찍한 내용도 만화영화로 바뀌면 사람들은 더욱 거부감 없이 볼 수 있게 된다.

사람들은 원래 과거의 상처를 마주하기 싫어한다. 괜히 안 좋았던 일을 생각해서 기분이 나빠질 필요는 없기 때문이다. 하지만 그것이 자신의 삶을 안 좋게 만들고 있다면 이야기는 다르다. 잠재의식에 박혀버린 상처들은 무시할 수가 없다. 무의식중에 끊임없이 머릿속에서 재생되고 있기 때문이다. 그리고 몸과 마음이 이런 상처에 민감하게 반응하고 있을 것이다. 그럼 머릿속에서 제거해내는 것이 가장 좋은 방법이다. 끔찍한 기억을 객관적으로 바라볼 수 있게 된다면 상처가 서서히 사라지는 것을 느낄 것이다. 그리고 그 기억을 영화처럼 느끼게 만드는 것은 이 과정을 한결 수월하게 만들어줄 것이다.

항상 실패가 아닌
성공으로 초점을 맞추고
생각해야 한다

"우리는 무엇이든지 우리가 집중하고 있는 것을
창조하게 된다. 따라서 다툼이나 고통에 대해
진심으로 화를 내는 것은 그곳에 에너지만 실어주는 꼴이다."

- 해일 도스킨

우리는 우리가 초점을 맞추고 있는 곳으로 가게 된다. 앞만 보고
가는 사람은 계속 앞으로 간다. 옆을 보면서 가는 사람은 자연스럽
게 방향이 옆으로 기운다. 자동차 경주를 할 때도 마찬가지다. 자신
이 가고자 하는 방향에 계속 시선을 유지하는 것이 중요하다. 자동
차 경주 중에 차를 제어할 수 없는 상황이 찾아올 수도 있다. 그런
긴급한 상황에서 보통 사람은 벽에 부딪히지 않기 위해 벽을 계속

처다보게 된다. 하지만 초점을 벽에 맞추고 있는 이상 차는 벽으로 달려가 벽을 들이받는다. 하지만 선수들은 다르다. 선수들은 자신이 바라보고 있는 곳으로 차가 가게 될 것이라는 것을 알고 있다.

그래서 위급 상황에도 자신이 가고 싶은 방향에 시선을 떼지 않는다. 이렇게 선수들은 위험한 상황을 무사히 빠져나온다. 우리들의 삶도 마찬가지다. 우리는 지금 우리가 초점을 맞추고 있는 것을 향해 나아갈 것이다. 우리가 성공에 초점을 맞추고 있다면 우리는 점차 성공에 가까워진다. 하지만 우리가 실패에 초점을 맞추고 있다면 더 큰 실패를 향해 다가갈 것이다. 우리가 원하는 곳을 향해 갈 때 가능성을 따져서는 안 된다. 우리가 따져야 할 것은 우리가 그곳을 얼마나 가고 싶어 하느냐다. 가능성이 1%라고 하더라도 우리는 그곳에 초점을 맞추면 1%에 가깝게 다가간다.

숫자가 부리는 장난에 속아서는 안 된다. 인생은 로또가 아니기 때문이다. 우연히 내가 원하는 도착지로 가게 될 수는 없다. 내가 원하는 성공을 이룬 1%가 우연히 그곳에 도달했다고 생각하면 곤란하다. 그들은 그저 가고 싶은 곳에 계속 초점을 유지하고 있었을 뿐이다. 그러다 결국 99%가 모르는 방법을 찾아낸 것이다. 성공의 가능성을 따지는 것은 서울에서 부산을 갈 수 있는 확률을 따지는 것과 비슷하다. 서울에서 부산을 가는 길은 여러 가지가 있다. 하지만 그것보다 더 중요한 것은 목적지에 초점을 맞추는 것이다. 가다가 길을 잘못 들었으면 다시 돌아가야 한다. 길을 가다가 모르겠으면 길을 아는 다른 사람에게 물어봐야 한다.

부산까지 가는데 기름은 충분한지, 화장실이 급하지는 않은지 점검해야 한다. 기름이 부족하면 주유소에 가서 넣으면 그만이다. 화장실이 급하면 휴게소에 들르면 된다. 부산에 초점을 맞추고 있으면 결국 부산에 도착할 수 있다. 부산에 도착하지 못하는 경우는 가는 중간에 부산에서 다른 곳으로 초점을 옮겨버릴 때일 뿐이다. 물론 초점을 옮기는 것이 나쁜 것은 아니다. 부산을 가는 길이 생각보다 멀어서 그냥 대전으로 가버릴 수도 있다. 하지만 문제는 부산을 가던 중에 힘들어서 포기한 뒤에 부산에는 갈 수 없다고 믿는 것이다. 당신의 친구가 이런 말을 하면 어떤 생각이 들겠는가?

"내가 도전해보니까 부산 가는 건 불가능하더라고. 정말 할 수 있는 건 다 해봤어. 시속 180km를 밟고 1시간 동안 가기도 했어. 휴게소에 들러서 기름도 가득 채우기도 했지. 몇 번 길을 잃었어도 포기하지 않았어. 그런데 부산은 절대 못 가겠더라고. 간신히 대구까지는 갔는데 그 이상은 내 한계야. 어떤 사람이 그러는데 이제까지 서울에서 부산을 간 사람은 10%가 채 안 된대. 난 아쉽지만 그 10%가 아니었던 거야."

당신은 이런 말을 듣고 나면 어이가 없을 것이다. 성공한 사람이 자신은 성공할 수 없다고 말하는 사람을 볼 때 딱 이런 기분일 것이다. 성공에 초점을 맞춘다는 것은 실패를 보지 않는다는 말이다. 실패는 그저 성공으로 가는 과정에 불과하다. 서울에서 부산을 가고 있는 사람이 지금 고속도로 휴게소에서 있다고 해서 실패라고 말할 수 없는 것과 같다. 지금 목적지에 있느냐는 없느냐는 중요하지 않다. 중요한 건 내 초점이 아직도 목적지를 향해 있는지다.

성공하는 사람은 성공 확률을 따지지 않는다. 원하는 것이 있으면 그곳에 초점을 맞춘다. 그리고 어떻게 하면 그것을 얻을 수 있는지 생각한다. 조지 버나드 쇼가 이런 말을 했다. "사람들은 이미 있는 것을 보면서 이렇게 말한다. '왜지?' 하지만 나는 있지도 않은 것을 꿈꾼다. 그리고 나는 이렇게 말한다. '왜 안 돼?'" 조지 버나드 쇼는 가능성을 생각하지 않았다. 그는 그저 자기가 꾸고 있는 꿈을 보면서 어떻게 하면 이룰 수 있을지 생각했다. 이전에 유래가 없던 일이라도, 실현 가능성이 없어도 상관없었다. 그런 것은 그의 고려대상이 아니었기 때문이다.

닭을 튀기는 것 말고는 할 줄 아는 게 아무것도 없는 예순다섯 살의 노인이 있었다. 그는 작은 식당 하나를 운영했었지만, 그곳으로 새 도로가 뚫려 망하고 말았다. 그가 가진 것은 사회 연금으로 받은 100달러(약 12만 원)짜리 수표 한 장뿐이었다. 그때 그는 자신만이 가지고 있는 치킨 요리법을 팔아서 돈을 벌기로 결심한다. 그의 생각은 이랬다. 먼저 식당 주인들에게 치킨을 맛있게 튀는 방법을 알려준다. 그리고 그 식당 수익의 몇 퍼센트를 받아낸다. 이렇게 자신의 비법을 알려주는 데가 많아지면 가만히 앉아서 돈방석에 앉게 되는 것이다. 그는 희망에 부풀어서 식당을 돌아다니며 문을 두드렸다.

'똑똑.'

"누구시죠?"

"아 안녕하시오. 다름이 아니라, 이 몸이 엄청 귀한 정보를 알려 주려고 왔소. 이것만 알면 당신 식당은 대박이 날거요."

"그게 뭐죠?"

"나는 치킨을 정말 맛있게 잘 튀긴다오. 내가 나만의 스페셜 요리법을 전수해 주겠소. 그 대신 당신 식당의 수익금의 몇 퍼센트를 나한테 주면 된다오."

"아 정말요? 잠깐만 기다려주세요."

식당 주인은 안으로 들어가 무언가를 가져오는 듯했다.

'쫘악.'

식당 주인은 노인에게 물을 한 바가지 끼얹었다.

"이런 노망난 노인네야! 저리 안 꺼져?"

아무도 예순다섯 먹은 노인의 요리법을 원하지 않았다. 하지만 그는 신경 쓰지 않았다. 접근 방법을 끊임없이 바꿔가며 또 다른 식당을 찾아다녔다. 그렇게 1,009번째 식당 문을 두드릴 때였다. 그 사람은 그 노인의 이야기에 흥미를 느껴 그 노인이 닭을 튀길 수 있게 후원해 주었다. 그리고 그 노인이 튀긴 닭은 세계에 혁명을 일으킨다. 그 노인이 바로 KFC 창업자인 커널 샌더스이다. 커널 샌더스가 실패를 생각했다면 KFC는 세상에 나올 수 없었을 것이다. 1,008번의 거절을 당하면서 성공 가능성을 따지고 있었다면 그는 가난하게 늙어 죽었을 것이다. 커널 샌더스에게 실패는 없었다. 성공으로 가는 과정만 존재했다.

자기가 원하는 것을 얻는 방법은 간단하다. 그것을 얻을 때까지 그것에 초점을 맞추는 것이다. 하지만 이런 단순한 원리를 무시하고 계속 실패에 초점을 바꾸는 사람이 많다. 그들은 실패할 가능성에 초점을 맞춘다. 실패한 사람들을 찾아다니고 실패 사례들을 계속 생각한다. 하지만 그런 방법으로 얻을 수 있는 것은 또 다른 실패 경험이다. 성공을 원한다면 성공에 초점을 맞추라. 성공할 수 있는 가능성을 보고 성공 사례들을 찾아다녀라. 그럼 성공이 점점 가까워지는 것을 느끼게 될 것이다.

확실한 결단,
두 가지 생각 중 하나를
확실하게 선택해라

내 선택지에는 씨발 오직 성공뿐이야. 실패는 없다고.

(Success is my only mothafuckin option, failure's not)

- 에미넴, <Lose yourself> 중에서

과학자들은 우리들이 하루에 6만에서~8만개의 생각을 한다고
한다. 그중에서 어떤 생각은 현실이 되지만 나머지는 그러지 않는
다. 우리들이 믿고 싶은 생각을 현실로 만드는 방법은 딱 한 가지다.
확실한 결단을 내리는 것이다. 믿는다는 것은 의심과 함께 존재할
수 없다. 우리가 어떤 생각을 믿기로 선택했다면 그것에 조금이라
도 의심이 존재할 수 없다. 만약 당신이 99% 믿는다고 말한다면 그
것은 믿음이 아니다. 그것은 1%의 의심이다. 당신이 무엇을 믿기로
선택을 내렸다면 확실한 결단을 내려야 한다.

그것이 진실이라는 것을 받아들이고 진실이 아닐 가능성을 생각할 수 없어야 한다. 당신이 어떤 삶을 살지 결정을 내리지 못했다면 지금 확실하게 결정을 내려라. 그렇지 않으면 당신의 삶은 아무것도 아니게 된다. 결단이라는 것은 자신이 결정한 것 외에 다른 것을 생각지 않는다는 의미이다. 영어 결단을 의미하는 'Decision'이라는 단어는 라틴어에서 유래됐다. 'De'는 라틴어로 '~로부터'라는 뜻이다. 그리고 'Caedere'는 '자르다'라는 뜻이다. 이 de와 caedere가 합쳐지면서 decision이라는 단어가 되었다. 즉, 영어에서 결단이란 결과를 성취하기로 다짐하고 다른 가능성을 잘라낸다는 의미가 된다.

우리가 사용하는 결단이라는 단어는 한자에서 비롯됐다. '결정하다'는 의미의 '결(決)' 자와 '끊다'라는 의미의 '단(斷)' 자가 결합한 단어이다. 먼저 결(決) 자는 '水(물 수)' 자와 '夬(터놓을 쾌)' 자가 합쳐져서 만들어졌다. 결(決) 자는 고대 중국의 이야기에서 비롯됐다. 중국의 황화 문명은 황화 중심으로 시작됐다. 황화는 홍수가 자주 일어났다. 역대 모든 왕들이 홍수를 막으려고 노력했지만 큰 홍수가 나면 속수무책이었다. 그래서 홍수가 크게 나게 되면 상류에 있는 둑을 끊어서 터놓았다. 그럼 상류에 있는 사람들이 모두 죽게 되지만 인구가 밀집되어있는 곳의 사람들은 살릴 수 있었다.

단(斷) 자는 '䜌(이을 계)' 자와 '斤(도끼 근)' 자로 이루어져 있다. 계(䜌) 자 실타래가 이어져 있는 모습이다. 결국 단(斷) 자 역시 실타래를 도끼로 자른다는 의미다. 잘린 실타래는 다시 이어질 수 없다. 결단이 의미하는 바는 영어의 Decision과 같다. 결정을 내리면 그것

외에 다른 가능성을 생각하지 않는다. 나의 결정 때문에 수많은 사람이 물에 잠겨 죽더라도 돌이킬 수 없다. 이것이 진정한 결단이다.

아무리 작은 것이라도 당신이 이루고 싶은 것이 있다면 결단을 해야 한다. 담배를 끊기로 다짐했으면 담배필 수 있는 가능성을 없애야 한다. 어떤 대가를 치르게 되더라도 그 결정은 돌이킬 수 없는 것이 돼야 한다. 무언가를 많이 이룬 사람. 흔히 성공했다고 불리는 사람들의 공통점은 그들 모두가 결단의 달인이라는 것이다. 에마 커티스 홉킨스는 "한 가지 목표에 뚜렷하게 집중하고 다른 산만한 것들은 거부하라. 성공은 이것을 잘하느냐 못하느냐에 달렸다."라고 말하기도 했다.

간디의 인생을 생각해보자. 그의 인생은 거대한 결단으로 빛이 났다. 간디는 비폭력으로 자신의 민족이 독립하는 것을 꿈꿨다. 그리고 꿈은 반드시 이뤄질 것이라고 믿었다. 그리고 그는 비폭력으로 독립을 이루겠다고 결단했다. 그 과정에서 많은 사람들이 희생됐다. 간디 자신 역시 영국 정부의 위협을 받으며 여러 번 감옥에 갇혔다. 그렇지만 그의 결단은 누구도 막을 수 없었다. 결국 간디는 자신의 뜻을 이뤄내고 말았다.

세계 초강대국이었던 영국도 한 사람의 진정한 결단을 막을 수 없었던 것이다. 마틴 루서 킹도 마찬가지였다. 마틴 루서 킹은 피부색이 아닌 인격으로 평가받는 세상이 오기를 꿈꿨다. 마틴 루서 킹은 자신이 원하는 세상을 만들기 위한 결단을 내렸다. 그를 반대하는 세력들이 그를 암살하는 데는 성공했지만 그의 결단을 막을 수는 없었다. 마틴 루서 킹의 뜻을 이어 사람들은 정의를 위해서 싸웠다. 그리고 미국에서 인종차별이 점점 사라져갔다. 2009년 미국에서 흑인 대통령이 탄생했다. 이것은 마틴 루서 킹의 결단이 승리했음을 보여주는 사건이었다.

"당신은 당신이 무엇을 위해 죽을 수 있는지 알기 전까지 당신이 왜 살아있는지 알 수 없을 것이다."

- 마틴 루서 킹

결단을 내린다는 것은 당신이 그것을 이루기 위해 어떤 대가든 치를 준비가 됐다는 것을 의미한다. 어떤 사람이 결단을 내리는 순간 그 사람이 내린 결정과 그 사람은 하나가 된다. 그 사람은 이제 심장이 멈춘다고 죽는 것이 아니다. 그의 결단이 무너지면 죽는다. 그가 죽더라도 그가 내린 결단이 살아있다면 그는 살아있는 것과 다름없다. 이것이 간디와 마틴 루서 킹이 우리에게 말하고 있는 결단의 정의다. 물론 우리들의 결단이 간디와 마틴 루서 킹과 같이 대단한 것일 필요는 없다. 우리는 단지 그들에게서 원하는 것을 이루는 법을 배우는 것이다.

그리고 결단의 힘이 얼마나 큰지 느껴보는 것이다. 이들이 이룬 것들에 비해서 우리들이 원하는 것이 얼마나 작은 것인지 생각해보라. 당신이 꿈꾸는 것이 모두 이루어진다고 해서 놀랄 게 없다. 이들이 했던 결단을 당신의 삶에 적용하면 뭐든지 이룰 수 있다. 당신의 꿈이 이들보다 더 크다고 해도 마찬가지다. 결단의 의미를 제대로 파악한다면 이룰 수 있다. 당신이 꿈꿀 수 있는 것이라면 당신은 그것을 이룰 수 있다. 결단을 내리고 꿈을 이루기 위해 해야 하는 것을 다해라. 해결책은 간단하다.

〈인간과 자연의 대결〉 방송 프로그램에는 베어 그릴스라는 생존 전문가가 등장한다. 베어그릴스는 인간이 생존하기 힘든 오지로 간다. 그곳에서 그의 목표는 살아남는 것이다. 그는 생존하기 위해 무슨 짓이든 다 한다. 살아남기 위해서는 수분과 영양분을 공급해줘야 한다. 그는 수분을 섭취하기 위해 코끼리 똥에 있는 즙을 짜 먹는다. 낙타 혹에 있는 지방을 섭취하기도 하고, 낙타 배를 갈라 그 안에 있는 물을 마신다. 또 낙타 위장에 소화되지 않고 들어 있는 풀을 꺼내서 즙을 짜 먹는다. 생존에 필요한 단백질을 섭취하기 위해서도 마찬가지다. 굼벵이를 먹고 뱀을 생으로 잡아먹는다. 악어를 사냥하기도 하고 상하지 않는 시체도 먹는다.

베어그릴스가 한번은 섬에서 생존을 하게 되었다. 베어그릴스는 그가 있던 산꼭대기에 올라가 주위를 크게 둘러보았다. 그곳에서 그는 그가 머물던 섬 보다 더 크고 자원이 많은 섬을 발견한다. 그는 생존 확률을 높이기 위해 더 큰 섬으로 이동하기로 마음먹는다. 그런데 한 가지 문제가 있었다. 다른 섬으로 이동하기 위해서는 물줄기를 따라서 건너야 했다. 그 물 속에는 상어 떼들이 돌아다니고 있었다. 베어그릴스는 주저하지 않고 물을 건너기 시작했다. 손에는 긴 막대기 하나만 들려 있었다. 상어 한 마리가 베어그릴스 주변을 맴돌았을 때만 그는 잠시 멈췄다. 그는 상어가 자신에게 멀어지자 재빨리 뛰어서 목적지에 도달했다.

"생존은 위험과 이익을 비교해서 계산하는 것과 관련 있습니다. 만약 이 섬이 더 많은 자원을 줄 수 있다면 물줄기를 건널 가치가 충분히 있습니다."

베어그릴스가 상어 떼를 뚫고 물줄기를 건너기로 한 결정은 그의 결단력을 보여준다. 생존을 목표로 삼았기 때문에 생존하기 가장 유리한 결정들을 내리는 것이다. 그리고 한번 결단을 내리면 무슨 일이 있든지 결정을 바꾸지 않는다. 결단을 내린 이상 그에게 다른 가능성은 사라져버린 것이다. 정글에서 살아남기 위해서는 끊임없는 선택을 내려야 한다. 강을 건널 것인가. 머무를 것인가. 싸울 것인가 도망칠 것인가. 눈앞에 기어 다니는 굼벵이를 먹을 것인가 말 것인가. 어떤 선택이든지 위험이 도사리고 있다. 하지만 가장 최악의 결정은 아무 결정도 내리지 하지 않는 것이다.

어떤 결정이든 위험은 있지만, 위기를 넘길 때마다 생존에 점점 가까워진다. 하지만 아무 결정도 내리지 않는 것은 곧바로 죽음과 직결된다. 우리의 삶도 크게 다르지 않다. 우리들은 매 순간마다 선택의 기로에 놓인다. 우리들의 선택이 잘못될 가능성은 언제나 존재한다. 하지만 바른 선택을 내릴 때마다 우리는 우리들의 목표에 가까워질 것이다. 그런데 아무런 결정을 내리지 않는다면 우리들은 영원히 우리가 바라는 꿈을 이룰 수 없을 것이다. 한 가지 기쁜 소식이 있다면 아직 우리들은 늦지 않았다는 것이다. 살아 있는 한 기회는 얼마든지 존재한다. 지금 당장 결단을 내리기 시작하라.

두려움 극복,
두려워하는 순간
소중한 것을 잃게 된다

"마음속에 두려움이 있으면서 용감하게 행동할 수는 없다."

- 나폴레온 힐

모든 사람은 두려움을 가지고 있다. 두려움은 사람들을 자유롭지 못하게 만든다. 두려움 때문에 해야 할 일들을 하지 못한다. 두려움 때문에 하고 싶은 일을 마음껏 하는 데 어려움을 겪는다. 그렇기 때문에 두려움은 극복해야 하는 감정이다. 물론 대부분의 사람들이 두려움에도 불구하고 자신들이 해야 할 일을 꿋꿋이 해나간다. 하지만 그것으로는 부족하다. 일단 두려움은 우리들의 능력을 온전히 발휘할 수 없도록 만든다. 같은 능력을 가지고 있다면 두려움을 가지고 있는 사람보다 그렇지 않은 사람이 더 많은 일을 해낼 수 있다.

또한 두려워하는 동안 우리는 행복해질 수 없다. 항상 두려움에 휩싸여 있는 삶만큼 끔찍한 삶도 없을 것이다. 사실 두려움을 유익하게 이용할 수 있는 방법이 하나 있다. 두려움은 우리가 진심으로 소중하게 여기는 것이 무엇인지 알려준다. 목숨은 모두에게 소중하다. 그 어떤 것도 목숨과는 바꿀 수 없다는 데에 모두가 동의한다. 결국 우리가 목숨을 소중하게 여기는 만큼 목숨이 위태롭다고 느끼면 두려움을 느낀다. 자신의 삶을 증오하는 사람을 생각해보라. 그들은 높은 곳에서 스스로 떨어져 목숨을 버린다.

목숨 외에도 사람들은 일반적으로 좋아하는 대상으로부터 관심을 원한다. 그리고 당신이 상대방을 더 좋아할수록 상대방이 떠날 것을 겁낸다. 당신이 증오하는 상대가 당신에게 관심을 갖지 않는다고 하더라도 별로 신경 쓰지 않을 것이다. 두려움에 대한 진실은 사실 모든 사람이 본능적으로 알고 있다. 그들이 의식하지 않아도 나름대로의 방법으로 두려움을 이겨내려고 한다. 그런데 두려움을 극복하지 못하는 이유는 잘못된 방법을 사용한다는 것에 있다.

두려움은 원하는 것이 있을 때 생기므로 원하는 것을 없애버리려고 한다. 아쉽지만 우리들은 우리들이 바라는 것을 절대로 없앨 수 없다. 우리가 죽지 않는 이상 원하는 것은 계속 생길 것이다. 목숨에 대한 소중함이 두려움을 일으키는 것을 알고 목숨을 소중히 여기지 않으려고 한다. 술과 담배 같은 독을 주입한다. 안 좋은 음식들을 계속 먹는다. 당연히 몸이 망가지고 싶어서 의식적으로 이런 행동을 하는 사람은 없다.

하지만 우리들의 잠재의식은 다르다. 잠재의식은 우리가 무엇을 원하는지 또 우리가 무엇을 두려워하는지 다 알고 있다. 그리고 잠재의식은 우리가 선택한 대로 움직인다. 우리에게 소중한 것을 우리가 포기하려고 하더라도 그 선택을 거절하지 않는다. 이것이 두려움에 휩싸인 사람들의 삶은 모순 속에 갇히는 이유다. 소중한 것을 갖기 원하지만 그것 때문에 생긴 두려움은 원하지 않는다. 두려움을 없애고 싶지만 소중한 것을 잃기는 싫다.

결국 괴로워하며 서서히 소중한 것들을 망가뜨린다. 나를 좋아하는 사람들이 나를 좋아해주기 바란다. 하지만 그들이 나에게 돌아설까 봐 두려워 그들을 싫어하려고 한다. 이런 방법으로는 원하는 것을 얻지도 못하고 두려움을 극복하지도 못한다. 우리는 먼저 두려움이 던지는 메시지를 이해해야 한다. 우리가 두려워한다는 것은 두려움의 이면에 우리가 소중히 여기는 것이 있다는 증거다. 소중한 것을 없애려고 하기보다 두려움을 사랑으로 몰아내야 한다.

우리에게 소중한 것을 얻기 위해 달려가야 한다. 소중한 것에 완전히 초점을 맞추게 되었을 때 그것을 사랑이라고 부른다. 우리는 소중한 사람을 잃는 것을 두려워한다. 그 감정이 클수록 그렇다. 그런데 사랑은 소중한 사람을 지킬 수 있게 만든다. 더 많은 사랑을 줄수록 소중한 사람은 우리들 곁을 지킨다. 사랑은 우리가 무엇이든 가능하게 만드는 원동력 된다. 차에 깔린 아이를 구하기 위해 가녀

린 여인이 차를 들어올린다. 아들이 불이 난 집 안에 있다면 아버지
는 불구덩이를 뚫고 집안으로 들어간다.

소중한 것을 지키는 사랑의 힘은 상상 이상이다. 두려움은 모든
것을 잃게 만든다. 만약 차를 들어 올린 여인이 아이 잃을 것을 두려
워해 아무것도 못했다면 아이를 잃었을 것이다. 두려움에 휩싸여 집
이 타는 것을 보고만 있는 아버지도 마찬가지다. 하지만 우리가 기
억해야 할 것이 하나 있다. 사랑의 힘은 그 어떤 것보다 강하다는 것
이다. 당신이 사랑의 힘을 사용하기로 결심한다면 두려움의 힘은 우
리에게 어떤 영향도 주지 못할 것이다. 조셉 머피는 그의 저서 《조
셉 머피 잠재의식의 힘》에서 이렇게 말한다.

"비정상적인 공포와 직면하게 되면, 즉각적으로 당신이 바라는 것에
관심을 두세요. 당신의 욕구에 열중하여 마음을 빼앗기는 것입니다.
주관은 항상 객관을 뒤집는다는 확신을 가지세요. 이런 마음가짐은
당신에게 자신감을 주고, 당신의 정신을 고양시켜줄 것입니다."

당신이 바라는 것에 초점을 맞출 수 있다면 두려움을 잠재울 수
있다. 당신이 바라는 것에 초점을 맞추면 당신은 그것을 사랑하고
있다는 것을 발견하게 된다. 그럼 사랑은 자연스럽게 두려움을 몰
아낼 것이다. 그런데 우리가 바라는 것에서 초점을 옮기도록 만드는
것이 잘못된 생각이다. 우리가 소중한 것을 잃어버릴 것이라는 것을
받아들이고 믿기 시작하면 두려움에 휩싸인다. 그리고 두려움을 극

복하지 못한다면 그 믿음은 현실이 된다.

이 비밀을 알았던 나폴레옹은 어떤 상황에서도 자신의 초점을 뺏기지 않았다. 이집트 원정 도중 나폴레옹의 군대에 흑사병이 돌았다. 수백 명이 병으로 쓰러져 있었지만 나폴레옹은 흔들리지 않았다. 그는 군사 집단 속에 들어가 한 명을 부축하고 한 명은 등에 업었다. "병은 너희들의 두려움을 타고 퍼져나간다. 그러니까 너무 두려워할 것 없다. 두려워하지 않는 자는 병에 쉽게 옮지 않을 것이다."

나폴레옹은 유럽 인구의 3분의 1을 쓸어버린 전염병 앞에서도 두려워하지 않았다. 주변에 수많은 사람들이 쓰러져도 그것이 자신에게 영향을 미칠 것이라는 생각조차 하지 않은 것이다. 그의 마음은 전쟁의 승리에만 고정되어 있었다. 그러므로 두려움이 몰려온다면 당신의 잠재의식 속에 어떤 잘못된 생각이 있는지 알아볼 필요가 있다. 당신이 어떤 이유로 당신의 소중한 것들을 잃어버릴 것이라고 생각하는지 점검해보라. 그리고 당신이 소중한 것을 모두 얻을 수밖에 없는 이유를 생각해보라. 두려움을 이길 수 있는 가장 확실한 방법이다.

"저는 한때 사람들 앞에서 말하는 것이 너무 무서웠습니다. 말로 표현할 수도 없을 정도로 공포에 사로잡혔죠. 그런데 제가 공포를 이기지 못했다면 책을 쓰지도 못했을 거예요. 제가 두려움을 극복한 방법은 사람들 앞에 서는 것이었습니다. 다시 말하면 제가 두려워하는 것을 했던 것이죠."

조셉 머피는 자신이 두려워하는 것을 함으로써 두려움을 극복했다고 이야기한다. 사실 두려워하는 것을 직접 하는 것 역시 두려움을 극복하는 좋은 방법 중 하나다. 두려워하는 것은 내가 원하는 것을 가리고 있다. 결국 두려워하는 일을 하는 것은 나에게 소중한 일을 하려는 시도이다. 그리고 어떤 경우에도 소중한 것을 향한 당신의 사랑이 두려움을 이긴다. 조셉 머피의 경우를 생각해보자. 그는 사람들이 자신의 이야기를 좋아해주기를 바랐다. 그래야 계속해서 자기가 원하는 대로 자신의 이야기를 사람들에게 나눌 수 있었기 때문이다.

강연으로, 책으로 사람들에게 자신이 가지고 있는 생각을 이야기하며 사람들에게 영감을 주는 것은 그에게 너무 소중한 일이었다. 하지만 사람들이 그의 이야기를 거부할지도 모른다는 생각이 들었다. 그 생각이 조셉 머피를 두렵게 만든 것이다. 두려움 속에서도 조셉 머피가 청중 앞에 설 수 있었던 것은 그는 그가 원하는 것을 버리려고 하지 않았기 때문이다. 그가 소중하게 여기는 것에 초점을 맞추고 그가 원하는 것을 했다. 조셉 머피의 이야기를 들은 사람들은 그의 이야기에 열광했다.

많은 사람이 조셉 머피에게 영감을 받고 더 나은 삶을 살아가기 시작했다. 조셉 머피는 이런 과정이 반복될 때마다 두려움은 사라지고 자신의 일에 대한 사랑이 커졌을 것이다. 사람들이 자신을 거부할 것이라는 생각은 사실이 아니라는 것을 그의 경험을 통해 깨달았기 때문이다. 그가 가지고 있던 두려움의 근거들은 모두 무너져 내렸다. 그리고 그가 소중한 것을 계속할 수 있다는 근거는 점점 더 많이 쌓여갔다. 이것이 조셉 머피가 두려움을 무너뜨린 방법이었다. 두려움은 부정적인 감정이다.

우리들을 힘들게 만들고 우리들의 능력을 반감시킨다. 두려워하는 것을 당연하다고 여겨서는 안 된다. 우리들의 목적은 언제나 두려움을 극복해내는 것이어야 한다. 두려움이 느껴진다면 내가 두려워하는 것이 무엇인지 생각해봐야 한다. 그리고 그 두려움이 가리고 있는 나의 소중한 것이 무엇인지 생각해볼 필요가 있다. 당신의 두려움이 가리고 있는 소중한 것을 볼 수 있다면 그것을 향한 당신의 사랑이 두려움을 몰아낼 것이다. 하지만 그럼에도 소중한 것에 초점을 맞출 수 없다면 어떤 생각이 당신에게 두려움을 주고 있는지 살펴보라. 당신이 믿고 있는 잘못된 생각을 무너뜨리면 두려움도 같이 무너진다.

직감대로 살아가는 법, 직감은 잠재의식과 본능에서 나온다

> "나는 전 세계에서 성공한 사람들을 6년 동안 조사했다.
> 이들의 99.9퍼센트는 같은 대답을 했다.
> 직감이 논리보다 중요하다는 것이다.
> 논리는 공부하면서 배울 수 있다.
> 반면 직감은 그 사람의 정체성을 말해준다."
>
> - 피터 버워시

　우리들의 잠재의식대로 살아갈 수 있는 방법이 있다. 본능에 모든 것을 맡기면 된다. 그렇다면 우리들은 잠재의식이 품고 있던 세상을 눈으로 볼 수 있게 될 것이다. 직감은 잠재의식에 있는 영역이 우리들의 의식적인 영역에 영향을 주었을 때 생겨난다. 잠재의식은 우리들의 의식으로 알 수 없다. 하지만 직감이나 본능을 통해 잠재의식에서 보내는 메시지를 받을 수 있다. 하지만 그렇게 하기 전에 한 가지 주의할 점이 있다. 우리들의 잠재의식이 항상 우리가 원하는 모습으로 존재하는 것은 아니라는 사실이다.

우리들의 잠재의식에 왜곡된 생각이 들어 있을 수도 있다. 그리고 부정적인 생각으로 가득 차 있을 수도 있다. 이 상황에서 본능의 말을 듣는다면 삶은 부정적인 것들로 가득 찰 수밖에 없다. 보통 사람들은 주변에서 본능적으로 살다가 망하는 경우를 여러 번 목격한다. 그럴수록 더욱 논리적이고 이성적인 것에 집착하는 경향이 있다. 물론 이성적이고 논리적인 것이 결코 나쁘다는 것은 아니다. 오히려 논리적이고 이성적인 사람일수록 실패 확률도 적고 삶을 더 유익하게 이끌어 나간다. 하지만 논리와 이성은 명확한 한계가 존재한다.

논리와 이성은 과거의 유물이다. 과거의 사람들이 세계를 이해하는 데 사용했던 방법에 지나지 않는다. 우리들은 논리적인 사고를 통해서 과거 사람들의 생각을 이해할 수 있다. 그리고 이성적인 사고를 통해서 과거에 일어난 실수를 반복하지 않을 수 있다. 하지만 그 이상 발전하기는 힘들다. 논리적으로 사는 사람은 입력된 정보 안에서만 움직이는 로봇과 비슷한 느낌을 준다. 과거에 이미 이루어진 일들만 반복하기 때문이다. 우리들의 뇌의 대부분을 차지하고 있는 잠재의식을 활용하지 않으면 누구나 그렇게 된다.

직감을 잘 활용하지 못하는 사람들은 성공한 사람들의 사고를 절대 이해하지 못한다. 성공한 사람들은 누구보다도 더 논리적으로 생각하다가도 직감이 오면 직감을 따라가기 때문이다. 천재들의 선택이 많은 경우 사람들에게 거부당하는 이유이기도 하다. 그들의 결정이 논리적이지 않기 때문에 사람들은 거부반응을 드러낸다. 그런데 그런 천재들의 결정은 잠재의식을 적극 활용한 결정이므로 훨씬 더 탁월한 선택이 되는 경우가 많다. 우리들이 직감을 따라갔을 때 항상 성공하지는 않을 것이다. 하지만 그런다고 해서 직감을 무시하며 사는 것은 너무나 큰 손해다.

잠재의식이 보내는 신호에는 직감 말고도 직관이라는 것도 있다. 직관과 직감은 거의 비슷한 의미를 가지고 있지만 약간의 차이가 있다. 직관과 직감 모두 우리들의 무의식에서 나온 설명할 수 없는 느낌이다. 하지만 직관은 많은 경험과 정보가 쌓일 때 나올 수 있는 것이다. 특정 분야에 오래 몸담다 보면 의식하지 못한 사이에 많은 정보들이 무의식중에 저장되어 있다. 그래서 어떤 문제가 생겼을 때 무의식에서 그 동안의 경험과 정보를 토대로 최상의 해결책을 내놓는다.

직관은 많은 경험을 통해 갈고 닦을 수 있다. 하지만 직감은 그것보다 조금 더 고차원적이다. 상위 차원에 있는 정보를 끌어와서 잠재의식이 계산을 마치고 알려주는 것이기 때문이다. 따라서 직감은 우리가 전혀 경험과 정보가 없는 상황에서도 빛을 발하게 만들어준다. 성공한 사람들이 과거에 아무런 경험과 정보도 없는 곳으로 뛰어들어 성공을 거두었다는 이야기를 한다. 그것은 직감에 의존했다고 볼 수 있다. 반면 한 가지 분야에 정통한 상황에서 남들과 다른 뛰어난 판단을 내리는 경우는 대개 직관이라고 볼 수 있다.

　도널드 트럼프는 1993년에 월스트리트 40번지를 인수했다. 하지만 그의 결정은 아무리 봐도 좋은 결정이 아니었다. 그때는 부동산 시장이 붕괴되고 있던 때였기 때문이다. 더군다나 부동산업에 종사하고 있던 그 역시 안 좋은 상황을 빗겨가지 못했다. 상당한 양의 부채에 시달리고 있었기 때문이다. 그때 당시 월스트리트는 40번지는 매입 대금이 100만 달러 정도였다. 큰돈은 아니었지만 그 당시 도널드 트럼프에게는 사업의 운명을 결정할 만한 금액이었다. 그는 투자 부담을 줄여보기 위해 공동 투자자를 찾아다녔다.

　하지만 모두가 거절했다. 다른 투자자들에게 100만 달러가 큰돈이 아니었음에도 투자에 성공할 확률이 없다고 생각했기 때문이다. 그들은 월스트리트에 돈을 투자하는 것은 돈을 버리는 짓이라고 말했다. 결국 트럼프는 무리를 해서 월스트리트를 매입했다. 다른 사람들과 다르게 트럼프는 직관에 의존해서 결정을 내린 것이다. 직관에 의해 결정을 내린 효과는 생각보다 빠르게 나타났다. 트럼프가 그곳을 인수한 후 과세적부심을 청구했다. 그리고 400만 달러의 세금을 면제받았다. 월스트리트 40번지를 공짜로 인수한 것과 다름없었던 것이다. 그리고 월스트리트 40번지는 가치가 계속 올라 오늘날에는 5억 달러가 넘는 가치를 가지고 있다.

　"우리 모두는 직관이라는 것을 가지고 있다. 이때 중요한 것은 직관을 어떻게 활용하느냐이다. 아무리 공부를 많이 하고 좋은 학위를 가지고 있다 하더라도 직관을 활용하지 못하는 사람은 최고의 위치에 오르지 못하며, 온갖 고생을 무릅쓰고 최고의 위치에 올랐다 하더라도 그 위치를 오래 지키지 못할 것이다. 하지만 너무나도 많은 사람들이 자신의 직관을 활용하지 못하고 있다. 자기 자신에게 부여된 천부적인 중요한 능력을 스스로 포기하고 있는 것이다."

도널드 트럼프가 그의 저서 《빅씽킹》에서 했던 말이다. 트럼프는 직관을 어떻게 활용하는지 알고 있었다. 그리고 그의 본능에 따라 움직이며 최고의 자리에 오를 수 있었다. 또 그는 직감 역시 훌륭하게 사용한다. 그가 사람들이 이해하지 못하는 일을 해내는 것을 최근에 모두가 지켜보고 있다. 쇼 비즈니스는 절대 성공하지 못한다는 반대를 무릅쓰고 트럼프는 〈어프렌티스〉라는 TV프로그램에 나갔다. TV쇼는 대성공이었고 트럼프의 인기도 더 많아졌다. 트럼프가 TV쇼에 출연한 이유는 그 프로그램을 제작한 마크 버넷이라는 사람의 느낌이 좋았기 때문이었다.

이후에는 대통령 선거에 출마한다. 전문가들은 공화당 후보로 지명될 확률이 2%라고 주장했다. 사실상 대통령이 될 가능성은 전혀 없다는 이야기였다. 사업 전문가가 정치 전문가와 정치로 싸워 이기기는 쉽지 않다. 하지만 트럼프는 공화당 후보에 지목된 데에 이어 대통령에 당선되기까지 했다. 트럼프가 직감을 활용하지 못했다면 성공적인 인생을 살지 못했을 것이다. 그는 의식적으로 받아들인

정보뿐만 아니라 무의식 안에 있는 정보를 적극 이용했다. 트럼프의 삶은 논리와 이성과는 거리가 멀지만 우리에게 중요한 메시지를 던져준다. 그것은 잠재의식의 도움 없이 인생을 한 단계 더 발전시킬 수 없다는 것이다.

우리의 직감이 빗나가는 경우는 크게 두 가지 정도로 나눌 수 있다. 우리들이 직감을 활용하는 법을 정확하게 익히지 못했기 때문일 수 있다. 다른 하나는 우리들의 잠재의식이 부정적인 생각들로 가득 차 있을 수 있다. 잠재의식이 부정적인 생각으로 가득 차 있다면 먼저 잠재의식을 바꾸는 게 중요하다. 잠재의식이 가난하다면 당신의 본능은 가난해질 수 있는 지름길을 알려준다. 그럴 때는 먼저 긍정적이고 부유한 생각으로 잠재의식을 가득 채워야 한다.

하지만 당신의 잠재의식이 충분히 만족할 만한 상태라면 직감을 사용해 보아야 한다. 때론 논리에서 벗어나 본능이 이끄는 대로 행동해보라. 생각지도 못했던 놀라울 만한 발견들을 할 것이다.

"당신의 꿈을 현실에서 이루기 위해서는 직감을 사용하는 것이 필수적이다. 만약 당신이 직감을 믿지 못한다면 계속 실패할 것이다."

- 매스틴 킵

미국 작가인 매스틴 킵은 직감을 활용하지 못하면 우리의 꿈도 이루지 못할 것이라고 말한다. 만약 당신의 꿈이 현실적이고 이성적으로 이룰 수 있는 꿈이라면 직감이 필요 없을 수도 있다. 당신의 주변 사람들이 당신이 그 꿈을 이룰 수 있다고 모두 동의할 만한 것이라면 그렇다. 하지만 당신의 꿈이 다소 비현실적이라면 매스틴 킵의 주장은 정확하다. 직감을 의지하지 않고는 이성으로 만들어진 틀을 깰 수 없다. 모든 사람은 직감을 사용할 수 있다. 그리고 직감을 통해서만 우리들이 꿈꾸던 삶을 만들어갈 수 있다.

하지만 직감을 사용하기 앞서 자신의 잠재의식을 점검할 필요는 있다. 당신이 매일 부정적인 생각에 사로잡혀 있다면 당신의 잠재의식이 부정적일 확률이 높다. 당신이 항상 실패하는 생각을 하고 있다면 잠재의식 속에 실패할 수 있는 방법으로 가득 차 있을 것이다. 그럴 때는 잠재의식을 정화하는 데 집중하라. 긍정적인 생각으로 가득 채우고 성공한 느낌을 느끼기 시작하는 것이다. 그리고 당신의 마음가짐이 준비가 되었다면 직감을 활용해보라. 직감은 활용하면 할수록 더 잘 활용할 수 있게 된다.

사소한 것부터 하나씩 직감을 활용해보라. 마치 자전거 타는 것과 같다. 처음에 자전거 탈 때는 뒤에서 누가 잡아줘야 탈 수 있다. 하지만 어느 정도 자전거를 탈 수 있게 되면 그 손을 놓아버린다. 마찬가지로 너무 불안하다면 처음부터 중요한 일에 직감을 사용할 필요는 없다. 옷을 입는 것부터 여행을 가는 것까지 작은 일에 직감을 사용하면서 직감을 활용하는 법을 익혀라. 직감을 잘 다룰 수 있게 되면 직감을 사용하기 전과는 전혀 다른 삶을 살게 될 것이다.

STEP 4

잠재의식으로
인생을
변화시켜라

자신이 원하는 모습을
생생하게 상상하면
현실이 된다

"제가 살면서 이룬 대부분의 것은
제가 무언가를 공부한 결과물이 아닙니다.
또 제가 얼마나 노력했는지에 따라 나온 결과물도 아니죠.
시각화를 하면서 이미 제가 원하는 상태에
도달했다는 것에 대한 깨달음으로부터 나온 결과물입니다."

- 피터 포요

    상상하는 것은 현실이 된다. 우리들의 현재는 우리가 마음속으로 그리던 모습이다. 우리가 보는 현실은 과거의 누군가가 상상했던 세상이다. 그러므로 우리들이 현실에서 경험하고 싶은 일이 있다면 다른 것을 하기 앞서 상상을 해야 한다. 어릴 때는 누구나 자유롭게 상상하며 지냈다. 게다가 어린이들을 가르치기 위해서 어른들 역시 상상력을 최대한 이용할 수 있도록 도왔다. 글자를 익힐 때도 항상 그림과 함께 가르쳤다. 상상을 돕기 위해서다. 교훈을 가르치고 싶을 때도 전래동화 같은 이야기를 활용했다. 아이들은 그 이야기를 상상하며 자신만의 이야기로 만들어갔다.

하지만 어쩌된 일인지 어른이 된 이후에는 상상을 잘 하지 않는다. TV 같은 매스미디어가 보내주는 상상을 하는 것이 전부인 경우가 많다. 현대인들의 몸은 부지런히 움직이고 있을지 모르지만 상상하는 데는 게으르다. 현대에 많은 사람들이 삶을 주체적으로 살지 못하는 가장 큰 이유는 주체적인 상상을 하지 못하기 때문이다. 어떤 연구 결과는 사람의 사고가 청소년기 때 이미 결정 나버린다고 이야기한다. 하지만 그것은 단지 통계 자료일 뿐이다. 대부분의 사람들이 청소년기 이후에 새로운 상상을 하지 않는 것일 뿐이다. 새로운 생각을 끊임없이 받아들이고 새로운 상상을 해 나간다면 날마다 새로운 삶을 경험할 것이다.

성공한 사람들을 조사해보면 쉽게 알아낼 수 있을 것이다. 성년이 훌쩍 넘긴 이후에 생각의 전환을 이루고 성공한 사람이 한둘이 아니다. 우리가 의도적으로 상상하고 있지 않더라도 우리는 상상을 한다. 사실 상상을 하지 않고 살아간다는 것 자체가 말이 안 된다. 우리는 어떤 일을 할 것인지 미리 상상을 한다. 그리고 그것을 위해서 무엇을 해야겠다는 생각을 한다. 그렇게 우리는 우리들의 생각을 행동에 옮긴다. 과자를 먹을 때도 마찬가지다. 과자를 먹는 상상을 먼저 한다. 그래서 과자를 먹기 위해 마트에 가서 과자를 사야겠다는 생각을 한다. 그리고 우리는 마트에 가서 과자를 구매한다. 이렇게 상상은 현실이 된다.

우리가 상상을 이용하는 데 너무 익숙해져 있기 때문에 의식을 하지 못하는 것이다. 큰일이든 작은 일이든 현실로 이루는데 상상이 필요하다. 주체적인 삶을 살기 원한다면 먼저 자신이 무의식적으로 어떤 상상을 하는지 파악해야 한다. 자신의 말과 행동을 주의 깊게 살펴보면 알아낼 수 있다. 콩을 심으면 콩이 나고 팥을 심으면 팥이 나는 것과 같은 이치다. 자신이 하고 있는 상상은 머지않아 현실로 튀어나오기 때문이다. 자신이 원하지 않는 상상을 멈추고 자신이 원하는 상상을 하기 시작하는 것이 성공의 비밀이다. 이것이 능숙해지면 자신이 원하는 것들이 삶에 나타나는 것을 보기 시작할 것이다.

마릴린 킹은 미국 근대 5종경기 선수였다. 그런데 1980년 모스크바 올림픽 일 년을 앞두고 교통사고를 당하고 말았다. 그녀는 그 사고에서 머리와 척추를 크게 다쳤다. 사람들은 올림픽 출전이 불가능하다고 말했다. 올림픽 출전이 문제가 아니라 그녀는 사실 꿈을 포기해야 했다. 운동선수가 그렇게 크게 다치고 나서 다시 재기하기란 불가능에 가까웠기 때문이다. 그녀는 병상에 누워서 할 수 있는 것이 아무것도 없었다.

하지만 그녀는 꿈을 포기할 수 없었다. 그때 그녀가 유일하게 할 수 있었던 것은 상상하는 것이었다. 올림픽 메달리스트들이 경기하는 모습을 5시간씩 시청했다. 그러고 나서 눈을 감고 자신이 경기에 나간 모습을 상상했다. 어떻게 경기 할 것인지, 어떻게 움직일 것인지 생생하게 상상하기 시작했다. 시간이 흘러 병원에서 퇴원한 그녀는 기어이 올림픽에 출전했다. 그리고 은메달을 목에 걸어 올림픽 메달리스트가 되었다.

마릴린 킹의 주변에는 교통사고로 몸이 크게 다친 사람이 올림픽에서 메달을 따는 상상을 할 수 있는 사람이 없었다. 그래서 마릴린 킹에게 포기하라는 말 이외는 할 수 있는 게 없었던 것이다. 하지만 마릴린 킹은 달랐다. 어떤 상황에서든 올림픽에 출전해 목에 메달을 거는 상상을 할 수 있었다. 그리고 그녀의 행동은 자연스레 행동으로 옮겨졌다. 상상 속에서 훈련을 했고 현실로 이루어냈다.

상상이 현실로 된다는 사실이 비현실적으로 느껴질 수 있다. 사실 수많은 상상을 하지만 이루어지지 않는 것도 많다는 것을 경험했기 때문이다. 사실 현실로 이루어지는 상상에는 조건이 따른다. 당신의 믿음과 일치한 상상만이 현실로 이루어진다. 자신의 믿음과 동떨어진 상상은 영화를 보는 것과 같다. 모든 사람이 영화는 사실이 아니라는 것을 알고 있다. 그냥 보면서 즐기는 것이다. 믿음과 동떨어지는 상상을 할 때 역시 마찬가지다. 사실이 아니라는 것을 알면서 하는 상상은 잠깐 즐기다 끝나는 상상이다.

그리고 그런 상상은 행동을 동반하지도 않는다. 반면 믿음에 기반한 상상은 정말로 사실로 믿어지고 행동으로 옮기게 된다. 이런 믿음에 기반한 상상이 그렇지 않는 상상과 구별되는 특징이 있다. 그것은 자연스러움이다. 믿음에 기반한 상상을 할 때는 모든 것이 자연스럽다. 당신이 상상하려고 해서 상상하는 것이 아니다. 자연스럽게 상상을 하게 된다. 그리고 행동하려고 노력해서 행동을 하는 것이 아니다. 자연스럽게 행동으로 옮겨진다. 과자 사 먹는 과정을 생각하면 이해하기 쉽다. 과자를 사 먹기 위해 의도적으로 상상하지 않는다.

마트에 가서 과자를 사기 위해 엄청난 각오를 하지 않는다. 만약 당신이 과자를 사 먹기 위해서 매일같이 시간을 내놓고 과자 먹는 상상을 한다고 치자. 마트에 가기 위한 체력을 기르기 위해 날마다 운동을 한다고 생각해보자. 그렇다면 그런 노력들은 당신이 지금 과자를 사 먹을 수 없는 상황이라는 것을 알려줄 뿐이다. 과자를 사 먹을 수 있는 재산과 건강이 있다고 믿는 사람은 과자를 사 먹을 때 자연스럽게 행동한다. 부자연스러운 어떤 행동도 하지 않는다. 상상의 원리도 마찬가지다.

당신의 믿음의 기반이 돼 있다면 모든 것이 자연스럽게 이루어질 것이다. 상상하면 이루어진다는 사실도 너무나 자연스럽게 받아들여질 것이다. 만약 당신이 매일 같이 꿈을 이루는 상상을 하고 있더라도 자신을 점검해보아야 한다. 그것이 믿음에 기반해 있는지 아니면 그저 허황된 공상인지. 생생한 상상은 행동을 동반한다. 아무것도 하지 않고 몇 년째 상상만 하고 있다면 공상일 확률이 크다. 공상을 하고 있었다면 당신은 그저 기분 좋은 영화만 보고 있었던 셈이다.

잭 캔필드는 그저 평범한 사람 중 한 명이었다. 그는 어려서부터 아버지가 부자들에 대해 하는 말을 모두 믿었었다. 그의 아버지는 부자들은 남을 벗겨먹은 놈이라고 말했다. 그리고 돈이 많은 사람들은 모두 다른 사람을 속여서 돈을 번 거라고 이야기했다. 자연스럽게 잭 캔필드는 인생이 힘들다고 믿게 되었다. 돈을 벌기 위해서는 양심을 버려야 했다. 그러자니 돈 없이 살기에는 너무 힘든 세상이었다. 그런데 그가 클레멘트 스톤을 만난 이후부터 생각이 바뀌기 시작했다. 그러던 어느 날 클레멘트 스톤이 그에게 말했다.

"나는 말이야 자네가 목표를 좀 크게 정했으면 좋겠어. 이루게 된다면 좋아서 방방 뛸 만한 목표 말이야."

클레멘트 스톤의 말에 잭 캔필드가 대답했다.

"그럼 전 1년에 10만 달러 버는 것을 목표로 삼겠습니다."

그때 당신 잭 캔필드는 일 년에 8천 달러 정도를 벌고 있었다. 그리고 잭 캔필드는 클레멘트 스톤이 가르쳐준 대로 날마다 눈을 감고 상상했다. 목표를 이미 이룬 것처럼 생생하게 상상했다. 그렇게 한 달이 지나자 어떤 생각이 머릿속을 스쳤다. 자신이 출판했던 책이 있었다는 것을 기억해냈다. 그리고 책을 40만 권 정도 팔아 치우면 10만 달러를 벌 수 있다는 생각이 들었다. 이제 책을 많이 팔아치우는 것을 목표로 삼게 되었다. 6주 정도 지난 후 잭 캔필드는 뉴욕 헌터 칼리지에서 강연을 하게 되었다. 600명 정도 되는 교사들을 향한 강연이었다. 그런데 강연이 끝나고 어떤 사람이 다가와 잭 캔필드에게 말을 걸었다.

"강연 정말 인상 깊었습니다. 가능하다면 인터뷰를 하고 싶네요."

그녀가 명함을 건넸다. 명함을 보니 그녀는 《네셔널 인콰이어러》라는 잡지에 글을 싣는 기고가였다. 얼마 지나지 않아 잭 캔필드의 책은 잡지에 실렸다. 이후 그의 책의 판매량이 미친 듯이 늘어나기 시작했다. 그는 9만 2,327달러를 벌어들였다. 그는 이 사건을 계기로 정말 상상을 하면 현실이 된다는 것을 믿기 시작했다. 그래서 곧바로 100만 달러를 목표로 상상하기 시작했다. 얼마 지나지 않아 그는 웃음 마크가 그려져 있는 100만 달러짜리 수표를 받았다. 그의 저서 《영혼을 위한 닭고기 스프》의 인세로 받은 것이었다.

출판사 사장은 100만 달러를 서명한 것이 처음이었기에 웃음마크를 그려 넣은 것이었다. 잭 캔필드는 생생하게 상상하기 앞서 믿음을 변화시켰다. 먼저 아버지에게 물려받은 잘못된 믿음을 클레멘트 스톤을 만나면서 긍정적인 믿음으로 바꿔냈다. 그래서 클레멘트 스톤에 큰 목표를 정하라고 했을 때 거부감 없이 수용할 수 있었다. 클레멘트 스톤이 가능하다고 한다면 분명 자신이 해낼 수 있다고 믿었기 때문이다.

그리고 그는 10만 달러를 벌 수 있다는 상상을 하면서 자연스럽게 그 돈을 벌 수 있는 방법을 생각하기 시작했다. 그는 자신의 책을 팔아서 충분히 10만 달러를 벌 수 있다고 믿었다. 하지만 현실적으로 생각해보자. 책을 팔아서 10만 달러(약 1억 2,000만 원)를 벌겠다는 생각은 비현실적이다. 그것도 이미 출판이 되었는데 아무런 인기가 없던 책이었다. 하지만 잭 캔필드가 책을 팔아서 10만 달러를 벌 수 있다는 것이 믿어졌다는 것이 중요하다.

현실은 우리들의 상상의 결과일 뿐이다. 현실적인 것도 없고 비현실적인 것도 없다. 그것은 각자의 해석 차이다. 잭 캔필드는 책을 팔아서 목표를 달성할 수 있다고 믿었고 그것을 생생하게 상상할 수 있었다. 잭 캔필드의 이야기는 단지 그의 이야기만이 아니다. 우리도 생생하게 상상할 수 있다면 상상을 현실로 만들어낼 수 있다. 그것은 모든 인간이 가지고 있는 능력이다. 무엇을 믿을지 무엇을 상상할지는 사람 수만큼 다양하게 존재할 것이다. 하지만 그 모든 상상은 믿음과 일치되었을 때 현실이 된다는 원리 아래에서 존재하고 있다.

반복해서 이야기하면
잠재의식이 형성된다

우리들의 잠재의식은 친숙한 것을 좋아한다. 우리들이 진실이라고 믿는 것들은 우리들이 많이 들어온 것들인 경우가 많다. 허무맹랑한 정보라도 우리에게 익숙하다면 그것을 진리로 받아들이는 경우가 많다. 생각 하나하나를 신중하게 받아들이면 이런 영향에서 벗어날 수는 있다. 하지만 그렇게 모든 생각에 주의를 기울이기는 쉽지 않다. 결국 우리들은 우리들이 많이 듣는 것을 믿게 된다는 사실을 인정하는 것이 편하다. 어떤 정보가 장기 기억으로 전환되는 데는 1개월 정도 걸린다. 한 달 동안 반복적으로 노출되면 해마에서 그 정보를 장기기억으로 전환시키는 것이다.

이렇게 반복적으로 접하게 되는 정보들은 우리들이 모르는 사이에 머리 가장 깊숙한 곳에 저장된다. 잠재의식은 우리가 좋아하는 것을 받아들인다. 우리들은 본능적으로 좋아하는 것을 자주 접하려고 노력한다. 당신이 좋아하는 사람이 생기거나 좋아하는 취미가 생겼다고 생각해보라. 당신은 대부분의 시간 동안 당신이 좋아하는 것을 생각하면서 지낼 것이다. 좋아하면 자주 찾게 되는 것이 모든 사람의 본능이다. 머릿속에 최대한 깊숙이 저장시키고 싶은 것이다. 하지만 그 반대도 마찬가지다.

우리가 자주 마주치게 되면 우리 뇌는 그것을 좋아하고 있다고 착각을 일으킨다. 우리가 어떤 메시지를 반복적으로 접하면 그것을 어느 순간 좋아하게 된다. 이렇게 우리들의 잠재의식은 자주 마주치는 것을 믿을 만한 것으로 받아들인다. 이렇게 반복적인 노출을 통해 어떤 것을 좋아하게 만드는 것을 단순 노출 효과라고 한다. 단순 노출 효과는 광고 분야에서 자주 쓰인다. 우리가 광고를 통해 특정 제품에 자주 노출된다면 우리는 그 제품을 좋아하고 믿게 된다. 마트에서 똑같은 샴푸가 여러 종류 있더라도 우리들은 무의식중에 광고를 통해 노출된 샴푸를 고른다.

왠지 모르게 더 마음이 끌리고 더 믿을 만한 제품이라고 느끼기 때문이다. 그리고 중독성이 강한 음악을 그 가사 속에 제품의 이름을 넣어놓는다. 우리 머릿속을 계속 맴도는 사이에 그 제품은 우리들의 잠재의식 속으로 침투해 들어온다. 단순 노출 효과는 다른 말로 에펠탑 효과라고도 불린다. 에펠탑이 처음에 지어졌을 때는 사람들은 에펠탑이 흉측하다고 생각했다. 그래서 다양한 분야의 예술가들이 모여 〈예술가들의 항의〉라는 글을 발표하며 에펠탑 건설을 적극적으로 반대했다.

에펠탑은 완공되자마자 철거될 위기에 놓였었다. 하지만 그 당시 무선 송신이 처음 보급되는 시기였다. 에펠탑이 무선 송신의 중계소로 안성맞춤이었다. 그래서 사람들의 반대에도 에펠탑을 철거하지 않은 것이다. 하지만 그렇게 미움 받던 에펠탑은 시간이 흐르자 모든 사람들의 사랑을 받기 시작했다. 에펠탑은 사람들이 자주 돌아다니는 파리에서 가장 쉽게 볼 수 있는 곳에 위치해 있었다. 시민들은 에펠탑을 매일 같이 바라보며 에펠탑에 정이 들어 버린 것이다.

이제 우리들은 이 원리를 활용해서 잠재의식을 변화시킬 수 있다. 우리가 원하는 생각을 반복적으로 노출시키는 것이다. 롤모델이 있다면 롤모델이 하는 말과 행동을 반복적으로 노출시키는 것이다. 자신이 원하는 꿈이 있다면 그 꿈이 이루어질 것이라는 것을 반복해서 말하는 것이다. 반복해서 노출되다 보면 우리가 모르는 사이에 그것이 잠재의식에 각인되어 있을 것이다. 그런데 이 과정을 아주 쉽게 만들 수 있는 방법이 있다. 그것은 자신이 좋아하는 생각을 좋아하는 방법으로 노출시키는 것이다. 자신이 싫어하는 생각을 주입시키는 것만큼 고통스러운 과정은 없다. 지루하다고 느끼는 것을 반복하는 것 역시 힘들다.

옳고 그름을 떠나서 당신이 좋아하는 생각을 선택하라. 돈 벌기 힘들다는 생각을 하면서 기뻐하는 사람은 없다. 반면 '돈 벌기 정말 쉽다'라고 생각하면 마음이 더 가벼워진다. 돈 벌기 쉽다는 사실을 정말로 믿는 사람은 이 말을 들을 때마다 미소를 지을 것이다. 이런 생각은 사람들을 기분 좋게 만든다. 그렇다면 돈 벌기 힘들다는 말을 반복적으로 노출시키기 보다는 돈 벌기 쉽다는 생각을 노출시켜라. 돈 벌기 쉽고 어렵고는 각자의 생각 차이일 뿐이다. 돈 벌기 힘들다고 믿는 사람들은 힘들게 돈을 벌 것이다. 돈 벌기 쉽다고 믿는 사람은 쉽게 벌 수 있는 방법을 찾아낼 것이다. 잠재의식에 각인된 생각은 결국 현실에 나타난다.

원하는 생각을 반복해서 노출시키는 방법도 마찬가지다. 굳이 자신이 지루하고 하기 싫은 방법을 택할 필요가 없다. 글을 쓰는 것을 좋아한다면 날마다 원하는 목표나 생각을 적어라. 말하는 것을 좋아한다면 자기 나름대로 원하는 것을 말로 표현해보라. 보는 것을 좋아한다면 자신이 원하는 가치관을 말해주는 사람의 강연을 자주 듣는 것도 좋다. 자신이 직접 영상을 녹화하는 것도 나쁘지 않다. 기분 좋게 반복적으로 노출될 수 있으면 그만이다. 그럼 이 모든 과정들을 힘들이지 않고 해낼 수 있다.

로키 아오키는 일본의 레슬링 선수였다. 경기를 출전하기 위해 어느 날 미국으로 가게 되었다. 그런데 그는 잠깐의 미국 생활이 너무나 만족스러워 아예 눌러 살기로 작정했다. 그때 그는 400달러 정도만 가지고 있는 상황이었다. 외지인이었기 때문에 도와줄 사람도 없었고 영어도 제대로 할 줄 몰랐다. 하지만 그는 누가 뭐래도 미국에서 자유롭고 풍요롭게 살아가겠다고 다짐했다. 미국에서 그의 처음 목표는 고급 승용차를 갖는 것이었다. 목표를 세우는 즉시 롤스로이스를 가지고 있는 사람에게 한 가지 부탁을 했다. 그 자동차 사진을 찍게 해달라는 것이었다.

그는 운전석에 앉아 운전하는 것처럼 자세를 잡고 자신을 찍었다. 차 옆에 서서 웃으며 사진을 찍기도 했다. 그리고 그 사진을 항상 몸에 지니고 다녔다. 틈틈이 그 사진을 보기 위해서였다. 그러던 어느 날 의도치 않게 사진에 있는 자동차를 무상으로 가질 수 있게 되었다. 그는 풍요로워질 수 있도록 다음 목표를 향해 나아가기 시작했다. 결국 그는 베니하나라는 식당을 창립했다. 그리고 그 식당은 세계 100여 개의 대도시로 뻗어 나갔다. 그는 꿈꾸던 대로 미국에서 부유하게 살게 되었다.

로키 아오키가 이용한 방법은 사진을 찍어 자신이 원하는 모습을 노출시킨 것이었다. 그는 고급 자동차를 가지고 있다는 사실이 잠재의식 속에 각인되었을 때 원하는 것을 얻을 수 있었다. 로키 아오키는 사진을 이용했지만 같은 원리를 다른 방법으로 사용한 사람이 많다. 할리우드 배우인 짐 케리는 매일 언덕에 올라가 할리우드를 바라보며 자기가 원하는 모습을 큰소리로 외쳤다. 빌 클린턴은 자신의 목표를 글로 적는 것을 좋아했다. 그리고 그가 원하던 미국 대통령에 당선되었다. 자신이 꿈이나 목표가 이루어진다는 내용을 반복적으로 노출하게 되면 잠재의식은 이를 받아들인다.

또 당신이 매일 의도적으로 노출시키고 싶은 것이라면 이미 당신이 그것을 좋아하고 있을 확률이 크다. 단순 노출을 통해서 잠재의 식을 형성하는 과정이 힘들지 않을 것이다. 만약 당신이 이런 단순 노출 과정이 너무 힘들다면 한번 생각해보아야 한다. 이루고자 하는 것이 진심으로 당신이 원하는 것인지 말이다. 당신이 원하지 않는 것을 잠재의식에 심는 것보다 그 시간에 당신이 정말 원하는 것을 찾는 편이 더 낫다. 잠재의식이 익숙한 것을 받아들인다는 사실을 알게 되면 우리 삶에 안 좋은 부분들도 고쳐나갈 수 있다. 당신이 가지고 있는 부정적인 생각들이 어디서 비롯되었는지 한번 생각해보라.

아마 끊임없이 당신에게 부정적인 메시지를 주는 채널이 존재할 것이다. 그것은 당신의 머릿속일 수도 있고 가장 가까운 사람에게서 나오는 것일 수도 있다. 아니면 당신의 환경 그 자체일 수도 있다. 나폴레온 힐은 주변사람들에게서 오는 부정적인 메시지에 대한 위험을 경고했다. "가족들이 쉴 새 없이 잔소리하거나 하는 일마다 방해하는 것 같은 부정적인 환경에 처하면 그 환경 속에 있는 사람은 마음의 화학반응이 방해받습니다. 끝내 야망을 잃어버리죠. 그리고 서서히 세상에서 잊히는 운명을 맞이합니다."

주변 사람들의 부정적인 메시지에 심각하게 반응해서는 안 된다. 당신이 주체적으로 믿음을 선택할 수 있다는 사실을 명심해야 한다. 하지만 주변 사람들로부터 자신의 믿음을 지키기 힘들다면 그 사람들과 최대한 거리를 두어야 한다. 부정적인 메시지로부터 멀어질 수 있는 방법을 찾아내야만 한다. 성공과 가난이 대물림된다는 이야기가 있다. 하지만 사실 대물림이 되는 것은 눈에 보이는 돈이나 명예가 아니다.

우리들의 믿음이 대물림된다. 부유하고 여유로운 집안에서 자란 아이들은 주변의 모든 사람이 부유하고 여유롭게 지낸다. 그래서 자신이 커서 부자가 될 것이라는 것을 너무 당연하게 믿고 있다. 반면 가난한 곳에서 자란 아이들은 가난한 것이 너무나 당연하다. 항상 가난과 비극에 노출되어 지냈기 때문에 커서 자신도 그렇게 살아갈 것이라고 믿는 것이다. 아인슈타인은 "자기가 속해 있는 사회의 고정관념과 다른 의견을 아무렇지 않게 말할 수 있는 사람은 매우 드물다. 대부분의 사람은 자신의 사회와 다른 의견을 품는 것조차 불가능하다."라고 이야기한다.

그만큼 자신의 환경에서 반복적으로 노출되는 메시지를 받아들이기 쉽다는 이야기다. 하지만 자신의 믿음이 현실이 된다는 것을 깨닫고 잠재의식에 자신이 원하는 생각을 심을 수 있으면 환경은 상관없다. 환경의 영향력을 벗어나기 힘들다면 환경을 바꾸는 것도 좋은 선택지가 될 것이다. 중요한 것은 당신의 잠재의식에 어떤 생각이 들어 있느냐이다. 당신이 원하는 생각을 마음껏 노출시켜라. 그럼 환경마저 당신이 원하는 모습으로 변해갈 것이다.

좋아하는 사람에게 이야기를 들으면 잠재의식이 형성된다

반복적으로 노출되지 않아도 어떤 메시지를 쉽게 믿게 되는 경우가 있다. 사람은 자신이 믿고 좋아하는 사람이 하는 말은 쉽게 믿어버린다. 어린 시절에 잠재의식이 많이 형성되는 것도 이것과 관련이 깊다. 어린아이는 낯선 사람이라도 덥석 좋아하고 믿어버린다. 특히 자신이 좋아하는 부모나 친구의 말은 철석같이 믿는다. 생각해보라. 많은 아이들이 산타의 존재를 믿는다. 산타가 어떻게 몇 억이 넘는 전 세계 아이들의 취향을 알아낼 수 있는지 의문을 품지 않는다.

그리고 산타가 어떻게 선물을 전 세계 모든 아이들에게 개인적으로 전달할 수 있는지 궁금해하지 않는다. 이유는 없다. 자신이 좋아하는 사람이 이야기해서 받아들인 것이다. 보통 6살까지는 부모나 권위가 있는 사람에게 배우는 도덕, 종교, 사상 가치관을 그대로 받아들인다고 말한다. 7~12세 정도가 된 이후부터 스스로 사고할 수 있는 능력이 생기기 시작한다. 나이를 먹고 경험이 쌓일수록 좋아하는 사람의 말이 전부 진실이 아님을 깨닫기 시작한다. 자신이 전적으로 믿었던 대상도 오류가 있을 수 있다는 것을 인식하기 시작한다.

생각의 경계를 쌓는 법을 배우는 것이다. 실제로 6세까지는 뇌에서 세타파가 형성된다. 이 뇌파는 최면술사가 암시를 걸 때 생기는 뇌파이다. 그 상태에서는 모든 생각을 그대로 흡수해버린다. 하지만 시간이 지나 성인이 되면 깨어 있는 동안 베타파를 형성한다. 함부로 아무 생각이나 들어올 수 없도록 경계하고 있는 것이다. 하지만 성인이 된 이후에도 자신이 신뢰하는 사람의 말을 그대로 받아들이는 것은 변하지 않는다. 여전히 자신이 굳게 믿고 있는 대상이나 종교, 혹은 사상의 영향을 쉽게 받는다.

어떤 사람이 박사라는 직책을 신뢰하고 있다고 해보자. 그렇다면 그 사람에게 박사가 하는 말은 곧바로 잠재의식에 새겨질 가능성이 크다. 또 다른 어떤 사람은 종교 지도자를 굳게 믿고 있다고 해보자. 그렇다면 그 사람은 종교 지도자가 하는 이야기를 곧바로 잠재의식에 집어넣는다. 자신이 신뢰하는 대상의 말을 마음 깊숙한 곳에 받아들인다는 법칙은 어른과 어린아이 모두에게 적용된다. 이 점을 고려해보면 어린 시절의 믿음이 평생 간다는 것은 사실이 아니다. 어린 시절의 믿음을 유지시킬지 그렇지 않을지는 각자의 선택에 달렸다.

물론 어린 시절에 당신이 원하는 것과 다른 방향으로 믿음이 형성되었다면 바꿔나가야 한다. 어려서부터 당연하게 믿어온 생각에 의문을 품으며 자신에게 이로운 믿음인지 점검해보라. 어린 시절에는 분별력이 떨어져서 아무 정보나 일단 흡수해버리기 때문에 가까운 사람으로부터 주입된 믿음이 있을 것이다. 그것이 당신에게 긍정적인 영향을 주고 있다면 더 확실하게 믿음을 굳혀나가면 된다. 하지만 계속 당신에게 부정적인 영향을 미치고 있다면 그 믿음은 무너뜨려야 한다.

자신에게 친숙한 믿음이기 때문에 부정적인 영향을 주고 있어도 없애버리기 쉽지 않을 수 있다. 하지만 내 몸의 일부라도 암은 제거해야 한다. 부모로부터 내려온 오랜 생각이라도 부정적인 생각은 없애버려라. 우리가 편안하고 좋은 상태에서 들어오는 메시지 역시 곧바로 잠재의식으로 흡수된다. 우리가 성인이 된 이후에는 주변 사람들의 말을 전적으로 신뢰하지 않는다. 그들을 개인적으로 좋아하더라도 그들이 어떤 메시지를 주입하려고 하면 베타파를 발산한다.

함부로 안 좋은 정보를 받아들이지 않기 위해서이다. 하지만 가까운 사람과 일상적인 대화를 할 때는 무장해제가 되어버린다. 좋아하는 사람과 있으면 편안하고 기분이 좋아지기 때문이다. 그렇게 자신이 편안한 상태에서 들은 말들은 무의식중에 마음 깊숙한 곳으로 들어가버린다. 가까이 지내는 사람과는 알게 모르게 생각이 닮아가는 이유이다.

미국 심리학자 데이비드 맥크릴랜드는 이렇게 말했다.

"우리들의 성공과 실패는 우리가 일반적으로 함께하는 사람이 95%까지 결정한다."

우리를 기쁘고 편안하게 만들어주는 사람이 우리에게 미치는 영향은 상상 이상이다. 그들이 이런 식으로 우리의 잠재의식을 형성시키는 데 큰 기여를 하기 때문이다. 오래전부터 인간 사회에서는 친구를 잘 선택해서 사귀어야 한다는 말이 있었다. 나쁜 친구가 미치는 안 좋은 영향은 다른 것이 아니다. 돈을 빌려서 안 갚는다거나 사기를 친다거나 하는 것은 매우 사소한 것이다. 그런 한두 번의 사건이 우리의 인생을 결정지을 수 없다. 하지만 나쁜 친구가 심는 부정적인 생각은 삶에 치명적이다. 그것은 우리의 운명을 결정지을 수도 있다. 그래서 어떤 사람과 함께 편안한 시간을 보내는지가 매우 중요해진다.

그전에 한 가지 알아야 할 사실이 있다. 같은 믿음을 가진 사람끼리는 서로를 끌어당긴다. 우리가 무엇보다 긍정적인 믿음을 형성하는 것에 먼저 신경 써야 하는 이유다. 사실 당신이 부정적인 사람과 어울리고 있다면 당신은 그들을 만나기 전부터 부정적인 생각을 가지고 있었을 확률이 높다. 어른이 되면 어린 시절처럼 쉽게 벽을 허물고 사람들의 생각을 받아들이지 않으려고 한다. 하지만 이미 잠재의식이 부정적으로 가득 차 있었다면 어쩔 수 없다. 부정적인 잠재의식은 부정적인 생각만 받아들일 것이다. 그리고 긍정적인 생각을 배척해버릴 것이다. 그렇다면 당신의 잠재의식이 어떻게 형성되어 왔는지 추적해볼 필요가 있다.

많은 성인들이 잠재의식을 형성하고 있는 공통적인 경로가 있다. 하루 고된 일과를 마치고 기분 좋게 늘어져 TV를 볼 때. 모처럼 휴일을 맞아 욕실에서 여유롭게 반신욕을 하며 스마트폰을 볼 때. 어른이 된 이후에는 일을 끝내고 집으로 돌아왔을 때나 휴가 기간 때 가장 편안함을 느낄 것이다. 이때 당신이 무엇을 하고 있었는지 생각해보라. 이때 어떤 경로로 정보를 받아들이고 있는지 점검해보는 것이 당신의 잠재의식 상태를 아는 데 효과적일 것이다.

짐 크윅은 다섯 살 때 뇌가 손상되었다. 그래서 그 이후에 다른 사람보다 뇌가 반응하는 속도가 느려져버렸다. 하지만 그는 뇌를 공부하며 뇌를 향상시킬 방법을 찾아냈다. 그 결과 그는 뇌 분야에서 전문가로 인정받았다. 현재는 나이키나 하버드 대학같이 다양한 곳에서 최적의 뇌를 만드는 법을 가르치고 있다. 짐 크윅은 편안한 상태에 있을 때 알파파가 나온다는 사실을 알아냈다. 그리고 알파파 상태에 있을 때는 모든 정보를 그대로 흡수해버린다는 것을 설명한다.

"알파파는 편하게 인식하는 상태입니다. 명상을 들어가는 것과 같은 상태라고 보시면 되겠네요. 그 상태에서는 학습을 하기 좋습니다. 배움을 가속화시키기 때문이죠. 비판적인 마음은 사라집니다. 무의식적으로 정보를 그냥 흡수해버립니다. 대표적으로 TV가 사람을 알파파 상태로 만들어놓습니다. 누군가 자신이 좋아하는 게임을 하고 있거나 TV를 보고 있을 때 완전히 정신이 팔려 있는 상황을 보셨을 거예요. 당신이 무슨 말을 해도 듣지 않는 상태요. 트랜스 상태에 있는 겁니다. 흥미롭게도 TV프로그램은 사람을 프로그래밍해 버립니다."

TV를 보면서 편안함을 얻는 사람은 TV에서 얻은 정보를 맹목적으로 신뢰하게 된다. 당연히 믿는다고 의식하지 않을 것이다. 하지만 잠재의식은 TV에서 나온 메시지를 그대로 받아들인다. 그리고 그것이 현실로 드러나는 데는 많은 시간이 걸리지 않는다.

우리는 이 원리를 이용해 우리가 원하는 생각을 잠재의식에 집어넣을 수도 있다. 편안한 상태를 이용하는 것이다. 하루 중에 알파파 상태로 있을 때는 잠에 들기 전과 막 일어났을 때이다. 그때 잠재의식이 가졌으면 하는 긍정적인 생각에 노출되는 것이다.

"잠에 들기 바로 직전에 시간을 지혜롭게 사용하세요. 소원이 이루어졌다는 느낌을 사실로 받아들이세요. 그리고 잠에 드는 겁니다."

이 사실을 알고 있던 네빌 고다드는 강의를 하면서 수강생들에게 잠들기 직전의 중요성을 강조했다.

"사람들은 간단한 것이 중요하다는 사실을 가볍게 여기는 경향이 있어요. 당신이 받아들이고 싶은 사실을 이성이 거부하고 있을 수도 있습니다. 아니면 감각이 그것을 거부하고 있는 상태일 수도 있어요. 이성과 감각이 거부하는 것을 마음이 사실로 받아들이게 만들 수 있는 방법이 있습니다. 잠과 비슷한 상태로 먼저 들어가는 것입니다. 그런데 이게 너무 간단하게 느껴져서 여러분이 중요하게 여기지 않을 수도 있겠네요."

네빌 고다드는 잠들기 직전의 시간이 아니더라도 언제든 잠과 비슷한 상태로 만들면 된다고 이야기한다. 하루 중 시간을 내어서 몸을 편안하게 만들고 잠과 비슷한 상태에 빠지면 된다. 그 시간에 우리의 잠재의식을 우리가 원하는 방향으로 설정해 놓을 수 있다. 그것도 시작하기 어렵다면 더 간단한 방법이 있다. TV 채널을 바꾸는 것이다. TV가 아니라 자기 전에 핸드폰으로 유튜브를 즐겨본다면 그것도 좋다. TV든 유튜브든 라디오든 채널을 바꿔라.

자신이 원하는 긍정적인 메시지를 주는 채널에 고정해놓는 것이다. 몸과 정신이 편안해지는 시간 때 성공한 사람이 강연하는 것을 보라. 뛰어난 연사가 던져주는 긍정적인 말을 들어라. 편안한 시간 때 들어오는 메시지는 잠재의식이 쉽게 받아들인다. 많은 사람들이 TV에서 나오는 정보를 절대적으로 신뢰하고 있는 것도 이런 이유 때문이다. 부정적인 사람과 많은 시간을 보내고 바람직하지 못한 TV 채널로 여가를 보낸다면 변화가 필요하다.

이제까지 마주친 부정적인 상황과 현재 가지고 있는 부정적인 믿음은 이런 안 좋은 습관 때문이다. 하지만 이제는 우리는 좋은 방향으로 잠재의식을 유도할 수 있다. 긍정적인 사람들 중에서 마음에 드는 사람과 가까이 지내보라. 긍정적인 메시지를 주는 채널을 찾아보라. 그리고 잠에 들기 전과 막 일어난 이후의 시간을 유익하게 활용하라. 가장 편안 시간 때 당신이 하고 있는 생각이 나머지 모든 시간을 어떻게 보낼 것인지 결정할 것이다.

보물지도,
상징물을 만들어서 계속
무의식적으로 상상하라

생각과 감정, 느낌 같은 것은 눈에 보이지 않는다. 자동차라든가 컴퓨터같이 눈에 보이는 것들은 내가 그것을 가지고 있지 않은지 알아보기 쉽다. 하지만 눈에 보이지 않는 것들은 그것을 구분하기가 참 어렵다. 성공했다는 믿음, 필요한 것을 모두 가지고 있다는 믿음을 가지고 있다는 것은 증명하기 쉽지 않다. 자동차를 가지고 있는 사람만이 자동차를 마음껏 사용할 수 있다. 마찬가지로 원하는 상태를 이미 소유하고 있는 사람만이 원하는 상태를 만들 수 있다. 그러므로 자신이 원하는 모습이 되려는 시도를 통해서 얻을 수 있는 것은 아무것도 없다. 자신이 원하는 모습이 되었다는 믿음을 가지려는 시도를 통해서만 원하는 것을 얻을 수 있다.

이렇게 자신의 감정이나 믿음을 소유하기 가장 좋은 방법은 시각을 이용하는 것이다. 사람은 시각적인 반응에 가장 민감하게 반응한다. 그래서 자신이 원하는 느낌을 눈에 보이도록 만드는 것이 그 느낌을 소유하기 가장 쉬운 방법이다. 운동선수나 올림픽 선수들은 자신들이 받은 트로피나 메달을 소중히 간직해 놓는다. 사실 트로피나 메달 자체는 아무것도 아니다. 별로 비싸지도 않다. 하지만 그것이 담고 있는 느낌이나 믿음은 값을 매길 수 없을 만큼 중요하다. 운동선수가 우승 트로피를 들어 올릴 때의 그 기분을 잠깐 상상해보자. 성공을 위해 겪었던 고통은 한순간에 사라져버린다.

트로피를 들어 올리는 순간은 세상 모든 것을 가진 것 같은 기쁨에 빠진다. 자기 자신에 대해 자랑스러움을 느낀다. 세상 그 누구도 부럽지 않다. 그 트로피는 트로피 진열장에 전시된 이후에는 별 쓸모가 없어진다. 하지만 그 트로피는 또 다른 트로피를 부른다. 또 다른 성취를 가능하게 한다. 성공의 느낌을 소유할 수 있도록 도와주기 때문이다. 트로피를 보는 순간 그 성공의 기쁨을 다시 누릴 수 있다. 마음이 약해질 때도 트로피를 통해 새로운 에너지를 얻게 된다. 이런 트로피 효과는 운동선수나 특정 분야의 사람들에게만 국한되지 않는다. 우리도 상징물을 만들어서 이런 효과를 충분히 활용할 수 있다.

상징물이 어떤 형태이든 어떤 모양이든지 중요하지 않다. 당신이 원하는 상태를 만들어줄 수 있는 것이면 어떤 것도 가능하다. 그냥 평범한 돌이라도 그곳에 당신의 성공 기억을 담을 수 있다면 훌륭한 트로피가 될 수 있다. 이 사실을 모르는 사람들은 자꾸 다른 사람의 트로피를 가져오려고 한다. 그리고 트로피로 성공을 살 수 있다고 믿는다. 하지만 사실은 정 반대다. 트로피를 가지고 있는 사람만 트로피를 들어 올릴 수 있다. 성공의 기억을 가지고 있는 사람이 또 다른 성공을 불러낼 수 있다. 다른 사람의 트로피를 가져오려고 하지 말고 자신만의 트로피를 만들어라.

다른 사람이 당신의 트로피를 인정해주지 않아도 상관 없다. 자기 자신이 인정할 수 있으면 그걸로 충분하다. 세상에 성공의 기준이라는 것은 존재하지 않는다. 성취라는 것도 마찬가지다. 눈에 보이는 어떤 것을 얻었을 때 성취를 이뤘다고 말하지 않는다. 성공이나 성취 같은 것들은 우리들 마음속에 있는 것들이다. 그것은 다른 사람이 인정하지 않는다고 해서 없어지지 않는다. 반면 다른 사람들이 높게 치켜세워준다고 해서 생겨나지도 않는다. 순수하게 자신의 마음을 들여다보았을 때 성공을 찾아낼 수 있다. 학창시절에 수학시험에서 80점은 절대 못 맞을 거라고 생각했는데 80점을 맞고 큰 성취감을 느꼈다면 그걸로 충분하다.

다른 사람이 그것에 대해 어떤 반응을 보였는지 생각할 필요가 없다. 그리고 그 성취의 결과로 얻은 것이 없었어도 상관없다. 당신이 이뤄냈다는 느낌을 받았으면 그걸로 됐다. 그 기분을 계속 지킬 수 있다면 성취는 계속 일어날 것이다. 다른 경우도 마찬가지다. 맥주병이라 수영을 절대 못할 것이라고 생각했는데 꾸준히 노력해서 수영을 해낸 적이 있는가? 그때 자기 자신에게 대견하다는 느낌을 받았는가? 그럼 그 경험 역시 자기만의 상징물에 담아내기에 충분하다. 그 느낌을 다른 곳에서도 활용한다면 충분히 다른 성취도 이뤄낼 수 있다.

대한민국 축구 국가대표로 활약 중이고 영국 프리미어 리그의 토트넘 홋스퍼라는 클럽에서 공격수로 활약하고 있는 손흥민 선수의 이야기이다. 그의 어린 시절, 축구 인생에 큰 영향을 준 사건이 있었다. 스포츠 브랜드 아디다스가 이벤트 성으로 풋살 대회를 개최했다. 그 대회 현장에는 특별한 이벤트성 대회가 있었다. 케논 슛이라는 대회였는데 초등부와 중등부로 나눠서 참가자를 받았다.

케논슛 대회는 그 안에서 가장 슛을 강하게 찬 사람이 플레이스테이션을 갖게 되는 이벤트였다. 손흥민은 그때 초등부로 참가해 1등을 거머쥐었다. 중등부 참가자들을 합쳐서도 두 번째로 빠른 공을 찼다고 한다. 그리고 그의 자서전에서 그는 그 플레이스테이션이 자신에게 첫 번째 트로피였다고 고백한다. 이벤트성 대회에서 초등학생이 들어 올린 플레이스테이션은 아무도 인정해주지도 않는다. 많은 사람들이 그저 '운이 좋은 꼬마네'라고 생각하면서 지나가버렸을 것이다. 하지만 손흥민에게는 어떤 것보다 특별한 기억이었다.

그가 그날 받은 플레이스테이션은 성취의 기쁨을 불러일으키기 충분한 것이었다. 사람들은 대단한 것을 이뤄낸 사람을 보면서 자신도 사람들이 박수 칠 만한 것을 이뤄내야 성공할 수 있다고 생각한다. 하지만 그런 생각 자체가 자신이 원하는 성공을 이루지 못하게 만든다. 성공은 이뤄내는 것이 아니라 지켜내는 것이다. 세계 최고

무대에서 골을 기록하는 축구선수라도 마찬가지다. 그 역시 어린 시절 동네 친구들 사이에서 득점한 골에서 출발했다.

억만장자도 어린 시절 만 원씩, 십만 원씩 종잣돈을 모으는 것에 성공하면서 시작됐다. 당신이 경험한 성공의 기억을 잊어버리지 마라. 그것이 앞으로의 성공을 이어갈 수 있는 비결이다. 자신만의 상징물을 만드는 것은 자신이 경험한 성공들을 더 잘 지킬 수 있도록 도와줄 것이다. 하지만 성공의 기분을 느끼기 위해서 꼭 과거의 기억이 필요하지는 않다. 다른 사람들이 성공하는 모습을 보고 자신도 그 기분을 느낄 수 있으면 된다. 자신이 원하는 것을 모두 갖게 되는 미래를 상상하면서 그 기분을 느낄 수 있으면 그것으로 충분하다.

우리들의 잠재의식 안에는 시간 개념이 존재하지 않기 때문이다. 어떤 경로를 통해서든 지금 성공의 기쁨을 느낄 수 있다면 앞으로도 그 기쁨을 누릴 시간들로 가득 찰 것이다.

일본의 베스트셀러 작가인 모치즈키 도시타카는 보물지도라는 상징물을 소개한다. 그 보물지도 안에는 자신이 원하는 것을 이뤘다는 상징물이 붙어있다. 예를 들어 당신이 올림픽 금메달을 따고 싶다고 해보자. 그럼 먼저 올림픽 금메달을 수상하는 사진을 구한다.

그다음에는 사진 속 인물의 얼굴을 가위로 도려내고 자신의 얼굴을 붙이면 된다. 큰 것부터 작은 것까지 이런 상징물을 만드는 것이다. 세계여행 하는 것부터 원하는 직업을 갖는 것까지. 자신이 원하는 것은 모조리 붙여놓는다. 그리고 그 보물지도를 매일 바라보며 성취를 미리 경험하며 현실로 만들어내는 방법이다. 어떤 방법을 택하든 자신이 원하는 모습을 상상하고 느낄 수 있으면 된다.

그 느낌을 자주 받을 수 있으면 좋다. 네빌 고다드의 아내는 결혼하고 싶어졌을 때 반지를 이용했다. 손가락에 항상 결혼반지를 끼우고 다니며 이미 결혼했다고 느끼면서 지냈다. 그러던 어느 날 그녀는 손가락의 피부가 예민해져서 반지를 뺐다. 그러자 어떤 사람이 물었다.

"결혼반지 왜 빼세요?"

"저 결혼 안 했는데요."

그러자 그 사람이 자신의 이름을 알려주었다.

"아 그건 그렇고 전 네빌이라고 합니다."

네빌 고다드의 아내는 네빌과 결혼하기 전까지 그 반지를 끼고 다녔다. 네빌의 아내는 네빌을 만난 이후부터 네빌이 그 반지를 끼워줬다고 상상하며 잠에 들었다. 그리고 얼마 지나지 않아 네빌은 그녀에게 청혼했고 둘은 결혼하게 되었다. 우리들이 매일 하는 상상은 현실이 된다. 그리고 오늘 우리가 느끼는 기분은 앞으로도 계속 느끼게 될 것이다. 상상하는 것이 어려울 수 있다. 또 매일 시간을 내어놓고 상상하는 습관을 들이기가 힘들 수 있다. 그럴 때 상징물을 만들어 이전의 상상과 느낌을 담아 두는 것은 큰 도움이 된다.

당신이 이뤄온 작은 성공들을 가볍게 여기지 마라. 당신만을 위한 트로피를 만들어 그 성공을 충분히 누려라. 지금은 작은 성공이지만 미래에는 절대 작지 않을 것이다. 당신의 과거의 성공들이 도저히 생각나지 않아도 걱정할 것 없다. 자신이 원하는 것을 얻었다고 생각하고 그 기분을 누려라. 그리고 상징물을 만들어 그 기분을 항상 기억하라. 그것도 상상하기 힘들다면 다른 사람의 경험을 빌리면 된다. 당신이 원하는 것을 가지게 된 사람을 보면서 그 사람의 기분을 느껴보라. 그리고 그 기분을 상징물에 담아두어라. 당신이 이루고 싶은 꿈을 이미 이룬 사람의 느낌을 알게 된다면 그 꿈은 이제 당신에게 찾아올 것이다.

외모를 건강하게 바꾸면
내면도 바뀌고
사람들도 다르게 본다

"머리에 빛을 내면 하늘이 보호해줍니다.
깨끗한 얼굴을 하면 세상이 지켜줍니다.
깨끗한 신발은 조상의 보호를 받게 해줍니다."

— 사이토 히토리

사람의 외모가 그 사람의 인생을 결정지을 수 없다. 사람의 인생을 결정짓는 것은 그 사람의 마음속에 있는 것들이다. 그 사람의 생각과 믿음이 인생의 방향을 결정한다. 하지만 외모가 사람의 생각과 믿음에 영향을 줄 수 있다면 이야기는 달라진다. 외모에 지나치게 신경 쓸 필요는 없다. 하지만 적어도 외모가 우리들의 잠재의식에 부정적으로 영향을 미치도록 놔두어서는 안 된다. 가능하다면 외모가 우리들에게 긍정적인 영향을 미칠 수 있도록 만들어 주는 것이 좋다. 우리가 외모를 가꿀 때 고려해야 할 부분이 있다. 먼저 다른 사람들이 나의 외모를 보며 어떤 느낌을 받을지 생각해봐야 한다.

그리고 내가 나의 외모를 보며 어떤 느낌을 받을지 생각해야 한다. 당신이 다른 사람의 시선과 언행에 전혀 영향을 받지 않는다면 다른 사람이 당신의 외모에 어떤 느낌을 받을지 크게 고려할 필요는 없다. 하지만 대부분의 사람들은 다른 사람의 시선에서 자유로울 수 없다는 것을 인정해야 한다. 게다가 외모를 적절히 가꾸면 다른 사람의 시선을 긍정적으로 이용할 수 있다. 우리들의 긍정적인 믿음을 더 강화할 수 있도록 도움을 받을 수 있는 것이다. 외모 가꾸는 것을 소홀히 함으로써 다른 사람에게 받을 수 있는 긍정적인 기운을 놓치는 것은 큰 손해이다.

만약 당신이 외모에 전혀 신경 쓰지 않는 친구를 만났다고 생각해보자. 그는 머리도 감지 않은 듯 보인다. 머리는 산발이고 기름기가 흐르고 있다. 잠잘 때와 외출할 때 똑같은 옷을 입는다. 옷의 소매는 말려 있고 오래되어 해져 있다. 그를 고급 식당에 초대했는데 슬리퍼를 질질 끌고 오는 모습이 보인다. 당신은 창피해서 도망갈까 고민하다가 오랜만에 만난 친구라서 참고 한 끼 식사를 같이 하기로 결정했다. 서로의 근황을 나눈 뒤 그 친구가 이렇게 이야기한다.

"나에게는 큰 꿈이 있어. 나는 억만장자가 될 거야. 그래서 큰 마당이 있는 집에서 살 거야. 차도 제일 비싼 걸로 몰고 다닐 거야."

당신이 그 친구에게 어떤 말을 하고 싶은지 생각해보라. 그리고 그 친구가 이런 말을 했을 때 어떤 느낌을 받을지 상상해보라. 분명 좋은 느낌은 아닐 것이다. 사람의 외면보다 내면이 중요한 것은 당연한 사실이다. 하지만 대부분의 사람들은 내면이 아니라 외면을 가지고 판단한다는 사실도 당연하게 받아들여야 한다. 사람들이 당신에게 긍정적인 말을 하기를 바란다면 외모를 먼저 신경 써야 한다. 이제 방금 전의 상황을 다시 조금만 바꿔보자.

당신이 만나기로 한 친구가 식당에 오는 모습이 보인다. 그는 깔끔하고 단정한 정장을 입고 있다. 한 손에는 상당히 비싸 보이는 수트 가방을 들고 있다. 머리 역시 말끔하게 손질되어 흠잡을 데가 하나 없다. 손목에는 명품 시계가 감겨 있다. 구두 역시 깨끗하게 손질되어 빛이 난다. 이제 그 친구가 꾀죄죄한 친구가 했던 말과 똑같은 말을 했다고 생각해보라. 그는 억만장자가 되어서 큰 집과 비싼 자동차를 갖겠다고 이야기한다.

아마 그 이전의 친구와 전혀 다른 반응을 보일 것이다. 같은 말을 하더라도 어떤 친구는 한심하게 느껴진다. 반면 어떤 친구는 멋있게 느껴진다. 외모 하나로 사람들에게 완전히 상반된 느낌을 줄 수 있다. 그리고 입장을 바꿔서 당신이 두 친구의 상황에 있었다고 상상해보라. 똑같은 상황이라도 외모 때문에 다른 사람에게 받는 에너지 자체가 다르다. 외모를 안 꾸몄다는 이유로 낮잡아 보는 사람도 있다. 그리고 자신의 꿈을 이야기하더라도 항상 의심의 눈초리를 보낸다. 심한 경우 모욕적인 말도 듣는다.

하지만 외모를 좀 손보면 전혀 다른 반응을 볼 수 있다. 나의 꿈을 이야기 할 때 동경의 눈빛을 보내는 사람이 생긴다. 그리고 이유 없이 좋은 대우를 해주는 사람이 늘어난다. 외모가 당신의 본질을 바꿀 순 없다. 하지만 당신에게 부정적인 에너지를 막아줄 수 있다. 또 잘하면 좋은 에너지가 쏟아지게 도와줄 수도 있다.

나폴레온 힐 역시 외모의 이점을 적극 이용한 사람 중 한 명이다. 나폴레온 힐은 세계 1차 대전 때문에 사업이 쫄딱 망해버렸다. 하루아침에 빚더미에 앉게 되었다. 하지만 그는 오히려 가장 비싼 양복을 알아보러 갔다. 양복점 사장에게 아무렇지도 않게 비싼 양복을 보여달라고 했다. 그리고 그 양복을 외상으로 구매했다. 뿐만 아니라 나폴레온 힐은 속옷부터 겉옷까지 모든 옷을 최고급으로 맞췄다. 그리고 그는 양복주머니에 실크 스카프를 찔러 넣었다. 50달러를 빌려 바지주머니에 넣었다. 그렇게 옷을 차려입고 나폴레온 힐이 한 일은 시카고의 미시간 거리를 걸어 다니는 것이었다.

그리고 그 거리를 지나다니는 사람과 기회가 되면 인사를 나누며 얼굴을 익혔다. 그렇게 나폴레온 힐은 매일 같은 시간에 같은 거리를 지나갔다. 옷은 항상 다르게 입었다. 그런데 나폴레온 힐이 미시간 거리를 걷던 시간은 어떤 돈 많은 출판사 사장이 점심식사를 하러 걷는 시간이었다. 그와 마주치면 인사를 나누었고, 가끔씩 몇 분간 이야기를 나누기도 했다. 얼마 지나지 않아 그 출판사 사장은 나폴레온 힐에게 관심을 보였다. 그가 어떤 일을 하는지 궁금해서 무슨 일을 하는지 물었다.

"새 잡지를 출판하려고 합니다."

나폴레온 힐은 태연하게 대답했다.

"잡지요? 그 잡지 이름이 뭐요?"

"힐의 황금률이라고 지을 생각입니다."

나폴레온 힐이 이렇게 대답하자 그 출판사 사장이 말했다.

"나도 출판업에 종사하고 있는 사람이라는 것을 잊지 마쇼. 내가 도움 줄 수 있는 일이 있을 거요."

잡지를 전국 규모로 배포하기 위해서는 상당한 비용이 든다. 하지만 나폴레온 힐은 외모를 활용해 돈 한 푼 쓰지 않고 자신의 잡지를 전국으로 배포할 수 있었다. 나폴레온 힐이 그때의 일을 뒤돌아보면서 이렇게 고백했다.

"여러분들에게 확실히 말해두고 싶은 것이 있습니다. 제가 꾀죄죄한 모습으로 구겨진 옷을 아무렇게나 걸치고 가난한 눈빛을 하고 다녔다면 그 사장은 제게 관심 갖지 않았을 것입니다."

나폴레온 힐은 외모를 꾸미는 것만으로 출판사 사장의 마음을 사로잡았다. 물론 출판사 사장이 나폴레온 힐을 좋아하게 된 것은 외모만은 아니었을 것이다. 최종적으로는 대화를 하면서 나폴레온 힐의 잡지를 출판하고 싶다는 마음이 생겼을 것이다. 그만큼 나폴레온 힐의 내면은 사람을 사로잡을 수 있는 힘이 있었다. 하지만 그의 외모가 처음 사장의 눈길을 사로잡았다는 사실은 부정할 수 없다. 나폴레온 힐은 자신의 목표를 달성하는데 외모를 이용했다. 그는 외모를 통해 그의 주위에 긍정적인 분위기를 만들어낸 것이다.

하지만 외모를 가꿈으로써 얻을 수 있는 효과는 주변의 분위기에

국한되지 않는다. 당신이 어떤 외양을 하고 있느냐에 따라 당신 자신에 대한 느낌이 달라질 수 있다. 성공한 사람만 입을 것 같은 옷을 입으면 성공한 것 같은 느낌을 받는다. 자신이 존경하는 사람의 외모를 따라하면 자신이 마치 그 사람처럼 된 것 같은 기분이 든다. 외모를 통해 자아상을 긍정적으로 바꿀 수 있다면 그것만으로 외모는 훌륭한 역할을 해낼 수 있다.

에드윈 반스는 에디슨과 동업자로 일하면서 백만장자가 된 사람이다. 그는 처음 에디슨을 만났을 때의 외모는 썩 좋지 못했다. 가난했기 때문에 에디슨을 만나러 화물열차를 타고 왔다. 그는 부랑자의 모습을 하며 에디슨과 일하고 싶다고 말했다. 다행히 에디슨은 사람의 외면이 아닌 내면을 볼 줄 아는 사람이었다. 에디슨은 에드윈 반스의 모습에 개의치 않으며 그를 받아들였다. 그리고 에드윈 반스는 에디슨의 기대대로 회사에 큰 이익을 안겨다준다. 하지만 에드윈 반스는 항상 부랑자 모습을 하고 있지는 않았다. 일을 하기 시작하면서 그는 그 누구보다도 외모를 부지런히 가꿨다.

에드윈 반스의 옷장에는 31벌의 서로 다른 양복들이 진열되어 있었다. 그 양복은 가장 비싼 것들이었다. 양말이나 속옷도 예외는 아니었다. 그리고 그는 똑같은 옷을 이틀 연속으로 입지 않았다. 매일 새로운 옷으로 갈아입었다. 에드윈 반스가 외모를 위해 엄청난 돈을 쓰는 것을 보고 그의 친구가 궁금해했다. 그래서 에드윈 반스에게 비싼 옷을 사는 이유에 대해 물었다. 그러자 에드윈 반스는 이렇게 대답했다.

"나는 다른 사람에게 인상을 주기 위해 31벌의 옷을 사 입은 것이 아니라네. 이 옷들이 나한테 주는 인상 때문에 사 입는 거라네."

외면보다 내면이 더 중요하다. 외면을 화려하게 치장하더라도 내면이 볼품없다면 그것이 모든 사람에게 드러날 것이다. 하지만 그렇다고 외면이 중요하지 않은 것은 아니다. 우리가 외면을 어떻게 가꾸느냐에 따라서 내면에 영향을 줄 수가 있다. 긍정적인 잠재의식을 유지하고 싶은 사람들도 외면을 가꾸지 않았다는 이유로 자신의 믿음이 공격받을 수 있다.

사람들이 부정적인 눈길을 보내고 부정적인 메시지를 던진다면 그 영향에서 자유로워지는 것이 쉽지 않다. 최악의 경우 자신의 믿음이 부정적으로 변할지도 모르는 일이다. 또 매일 아침 거울을 보면서 꾀죄죄해서 볼품없다고 자기 스스로 느낀다고 생각해보자.

아침마다 자기 자신에 대해 부정적인 생각을 하면서 긍정적인 믿음을 가지기는 쉽지 않다. 하지만 외모에 조금이라도 신경 쓰기 시작한다면 이런 부정적인 영향을 줄일 수 있다. 사람들이 보내는 눈길도 좀 더 긍정적으로 바꿀 수 있다. 아침에 거울을 보면서 더 긍정적인 자아상을 심을 수 있다. 외모가 주는 효과를 가볍게 여겨선 안된다. 외모에 전혀 영향을 받지 않은 사람은 정말 소수이기 때문이다. 외모를 깔끔하고 단정하게 가꾸라. 항상 웃으며 더 긍정적인 분위기를 뿜어내라. 때론 긍정적인 외면이 긍정적인 내면을 만들어낸다. 외모를 활용해 당신의 잠재의식이 더 긍정적인 영향을 받게 만들어라.

미러링, 이미 이루어진 사람처럼 살면 실제로 꿈이 이루어진다

존 나이스빗은 미래를 예측하는 가장 좋은 방법은 현재에 생기고 있는 일을 정확하게 아는 것이라고 했다. 우리도 이 말을 새겨들을 필요가 있다. 자신이 꿈꾸던 세상에서 살고 있다는 사실을 깨달아야만 자신의 꿈을 이룰 수 있다. 그리고 자신이 원하는 상태를 지금 불러올 수 있다면 앞으로도 원하는 상태로 살아가게 될 것이다. 당신이 무언가를 성취하기 위해 목표를 세운다면 이미 그 목표를 달성한 상태가 되어야 한다. 따라서 당신이 원하는 것을 이루기 위해 해야할 일은 발버둥 치는 것이 아니다. 당신의 마음상태를 먼저 바꿔 나가야 한다.

우리 인생에서 무언가를 이룬다는 것은 산의 정상을 오르는 것과 같다. 그런데 우리가 올라야 할 산은 사람들이 많이 다니는 산이 아니다. 예쁘게 길이 포장되어 있고 우리가 원하는 곳을 가리켜주는 표지판이 있는 곳도 아니다. 아무도 가지 않는 산. 나무가 무성하고 골짜기와 절벽이 우리들의 길을 가로막고 있는 산이다. 우리가 정상에 오른다고 무작정 산을 오른다면 우리는 정상에 오를 수 없다. 중간에 절벽을 만날 것이다. 숲속에서 길을 잃을 것이다. 혼자 애쓰면서 올라가다가도 이 길이 맞는 길인지 끊임없이 의심을 품을 것이다.

산 아래 있는 사람은 산의 정상으로 가는 길을 알 수 없다. 산의 정상에 오를 수 있는 방법을 아는 사람은 이미 산 정상에 있는 사람뿐이다. 아래에서 보면 길이 보이지 않는다. 하지만 위에서 내려다보면 모든 것이 보인다. 어느 길로 올라와야 가장 빠른지 알 수 있다. 아니면 어떤 길이 가장 쉽게 오를 수 있는 길인지도 찾아낼 수 있다. 우리가 무언가를 이루려고 할 때도 마찬가지다. 이미 모든 것을 이룬 상태에서 내려다보았을 때 길이 보인다. 이루지 못한 상태에서는 아무것도 이룰 수 없다.

물론 우리가 어떤 것을 이뤘는지 이루지 못했는지는 눈에 보이는 어떤 것으로 결정되는 것이 아니다. 내 마음 상태가 그것을 결정한다. 잠재의식 속에서 자신의 목표를 이루지 못한 사람은 자신이 그 목표를 달성할 수 없다는 사실만 깨달을 것이다. 나름대로 자신의 목표를 향해 달려가더라도 넘어갈 수 없는 절벽을 만날 것이다. 거친 삶을 헤쳐가다가 어느새 목표를 상실해 삶의 방향을 잃어버릴 것이다. 열심히 살지만 그것이 자신의 목표를 위한 삶이 맞는지 끊임없이 의심을 할 것이다.

성공하기 원한다면 이미 성공한 것처럼 살아라. 부자가 되기 원한다면 이미 부자가 되었다고 믿고 생각할 수 있어야 한다. 미국에는 "이루어질 때까지 이루어졌다고 속여라(Fake it till you make it)"라는 경구가 있다. 원하는 것을 성취하지 못했더라도 이미 성취한 것처럼 행동하면 결국 그것을 이룰 수 있다는 의미이다. 당신이 원하는 상태에 머물기 위해 어떤 조건이 필요하다고 믿는다면 방향을 잘못 잡은 것이다.

당신은 그 상태에 도달할 수 있는 길을 알아낼 수 없을 것이기 때문이다. 하지만 당신이 원하는 상태에 머무는 순간부터 당신은 그 상태를 유지하기 위해 필요한 것들이 무엇인지 알 수 있을 것이다. 그리고 그것을 얻기 위한 방법도 보이기 시작할 것이다.

오나시스가 아르헨티나의 부에노스아이레스에 도착했을 때는 가진 것이 아무것도 없었다. 빈민가에서 겨우 월세방을 얻어 살았다. 그리고 4개월간의 최저생활비로 버텨야 했다. 그는 학력도 낮았고 그 나라 언어에도 익숙하지 않아 직장을 구하기도 쉽지 않았다. 그래도 그는 꼭 토요일마다 최고급 레스토랑을 갔다. 일주일 간 막노동으로 번 돈을 그곳에 모두 탕진해버리는 꼴이었다. 오나시스의 행동은 다른 사람이 볼 때 이해가 안 되는 행동일 수 있었다. 하지만 그는 이미 자신이 원하는 상태가 먼저 되어야 한다는 사실을 깨우치고 있었다. 무엇이 중요한지 정확하게 꿰뚫고 있었던 것이다. 그가

레스토랑에서 한 것은 다른 것이 아니었다.

그곳에 오는 손님들을 관찰하면서 그들의 기분을 느껴보는 것이었다. 그곳에서 자신의 잠재의식이 자신을 부자로 인식할 수 있도록 만들고 있었던 것이다. 그러던 중 코스타 그레초라는 사람이 다가와 오나시스에게 말을 건넸다. 오나시스가 부자의 상태에 머물렀을 때 선박회사를 경영하던 그리스 재벌의 관심을 끌게 된 것이다. 그로부터 4년이 지난 후 오나시스의 통장에는 10억 정도가 꽂혀 있었다. 그 금액은 10년이 지나고 1,000억 정도로 불어나게 됐다. 오나시스는 자신의 상황과는 상관없이 부자처럼 행동했다. 일주일에 한번은 꼭 고급레스토랑을 가면서 여유를 즐긴 것이다.

오나시스는 이미 부자된 사람만이 부자가 될 수 있다는 진리를 깨우쳤다. 그가 잠재의식을 부유하게 만드는 것에 모든 것을 투자할 수밖에 없었던 이유이다. 그는 자신의 잠재의식을 바꾸기 위해서 일단 모든 것을 이뤘다고 믿고 행동했다. 그리고 그가 잠재의식을 위해 했던 일이 하나 더 있다. 자신이 되고 싶은 모습을 이미 갖추고 있는 사람들을 관찰한 것이었다. 부자들이 가득 찬 장소로 가서 그들의 행동과 언어를 관찰하며 이미 이룬 사람들은 어떻게 행동하는지 배웠다. 그가 이 모든 것을 터득했을 때 다른 거부들에게 관심을 끄는 것은 당연했다. 믿음이 같은 사람은 서로가 서로를 끌어들인다.

부자가 그에게 관심을 기울이기 시작한 것은 그의 잠재의식이 그를 부자로 인식하고 있다는 증거일 뿐이었다. 그가 부자가 될 기회를 잡은 것은 운이 아니었다. 성공에는 공식이 없다. 성공할 수 있는 방법은 존재하지 않는다. 하지만 우리가 하는 모든 것이 성공으로 향하게 만들 수 있다. 지금부터 성공한 사람이 되는 것이다.

　스티븐 스필버그는 열일곱 살 때 자신이 원하는 것을 깨달았다. 유니버설 스튜디오를 견학하면서 영화를 만들고 싶다는 마음이 싹텄기 때문이다. 자신이 감독이 되고 싶다고 생각한 즉시 그는 감독이 되어버렸다. 실제로 영화를 촬영하는 곳에 몰래 들어갔다. 그리고 그곳에서 영화사 편집부장을 만났다. 그는 한 시간 동안 편집부장에게 자신의 영화에 대해 이야기했다. 그리고 그다음 날에는 멋대로 영화사에 출근을 해버렸다. 정장을 쫙 빼입고 아버지의 서류 가방을 훔쳤다. 서류 가방에는 샌드위치와 캔디바 두 개를 담았다. 너무나 자연스럽게 정문을 통과한 탓에 정문 경비실에서는 그를 제지하지 않았다. 스티븐 스필버그는 영화사 안에서 비어 있는 트레일러 사무실을 발견했다. 그는 그 문 앞에 '스티븐 스필버그 감독'이라는 명패를 달아놨다.

　그는 그 이후로 자연스럽게 영화감독, 작가, 편집자들을 만나고 다녔다. 그리고 스무 살 때 그곳의 정식 직원이 되었고 한 TV 시리즈 감독을 맡는 데 성공했다. 그 이후 그는 계속된 성공 가도를 달렸다. 그리고 36살이라는 젊은 나이에 역사상 가장 성공한 영화감독으로 이름을 날렸다. 많은 사람들은 자신이 원하는 것을 이루기 위해서 어떤 조건이 필요하다고 생각한다. 그래서 그 조건에 자신을 맞추기 위해 애를 쓴다. 또 어떤 것을 가져야만 자신이 원하는 상태에 머물 수 있다고 믿는다. 그래서 돈이나 명예를 가지려고 용을 쓴다.

하지만 사실 그들은 자신이 실패자라고 생각하고 있기 때문에 성공을 거두지 못하는 것이다. 그리고 잠재의식 속에 실패자라는 인식이 들어 있는 한 그들이 들이는 노력은 오히려 목표와 멀어지게 만들 수도 있다. 당신이 아직 당신이 바라는 상황에 있지 않다고 생각한다면 당신의 인식을 먼저 바꿔야 한다. 당신이 원하는 상태에 머물러라. 당신이 꿈꾸던 상황에 있다고 믿어라. 성공을 이미 이뤘다고 느끼고, 자신을 성공한 사람으로 인식하기 시작하라. 그리고 당신이 마치 모든 것을 이룬 사람처럼 살아간다면 세상도 당신을 그렇게 보기 시작할 것이다.

당신의 상상 속에 있는 세상이 현실로 일어나는 것을 목격할 것이다. 당신이 성공하는 방법을 알고 싶다면 지금 당장 성공해야 한다. 당신이 방법을 모르는 것은 아직 산 아래에 있기 때문이다. 산 정상에 오르는 방법은 많다. 하지만 산 정상에서 내려다보지 못하는 사람들은 그것을 알 길이 없다. 마찬가지로 당신의 내면을 성공의 모습으로 바꾸는 것에 초점을 맞춰보라. 그럼 당신이 원하는 지점에 이르는 방법들이 눈에 들어올 것이다.

STEP 5

이렇게 하면
잠재의식을
바꿀 수 있다

감사하면
내가 풍요롭다는
믿음이 생기고
현실이 달라진다

"감사하는 마음을 갖는 것을 최우선 순위로 두어야 한다.
가장 먼저 여기 존재하고 있는 것을 감사해야 한다.
당신의 삶에 긍정적인 부분은 어떤 것이든 감사하라.
그러면 그것은 더욱 커질 것이다.
감사하는 마음이 커지면 좋은 일도 더 많이 생겨난다.
그리고 당신이 좋아하지 않는 사람과 사건, 상황은 없어질 것이다.
당신이 더 많은 것들에 감사할 수 있게 될수록
당신이 싫어하는 것들이 없어지는 것을 보고 당신은
놀라게 될 것이다. 내가 경험한 일만 해도 셀 수 없이 많다."

\- 피터 포요

잠재의식의 원리나 잠재의식의 존재를 모르더라도 우리들의 삶을 바꿀 수 있는 방법이 있다. 잠재의식의 원리는 우리가 알든 모르든 작동하기 때문이다. 좋은 잠재의식을 갖고 싶다면 좋은 성품을 가지면 된다. 고대에서부터 지금까지 사람들은 어떤 상태에 있을 때 가장 행복하고 풍요롭게 살 수 있는지 공부해왔다. 그래서 우리들이 성공적인 삶을 살고 있을 때 가지고 있는 성품을 좋은 성품이라고 가르쳤다. 우리들의 성품은 잠재의식과 관련이 깊다.

물론 잠재의식을 더 긍정적으로 바꿀수록 자연스럽게 좋은 성품을 가지게 된다. 단순히 좋은 성품을 가짐으로써 우리들의 잠재의식을 긍정적으로 바꿔놓을 수 있다. 우리들이 모든 것을 거저 받을 수 있도록 만들어주는 성품이 있다. 그것은 감사하는 성품이다. 우리들은 거저 받았다는 마음 없이 감사할 수 없다. 우리가 피와 땀을 흘려서 무언가를 받아냈다면 그것에 대해 감사하지 않을 것이다. 하루종일 고통을 견디며 일을 하고 나서 번 돈으로 무언가를 구매할 때 감사하는 마음을 갖기 힘들다.

뿌듯함은 있을 수 있겠지만 자신이 대가를 지불했다고 생각하면서 감사하는 마음을 갖기는 어렵다. 오직 대가를 지불하지 않고 받은 사람만이 감사할 수 있다. 당신이 실제로 대가를 지불했다고 해도 상관없다. 당신이 지불한 대가가 당신이 받은 것에 비해 아무것도 아니라고 생각할 때만 감사할 수 있다. 당신이 계속 무언가를 얻기 위해 대가를 지불해야 한다고 믿으면 계속 대가를 지불해야 한다. 그리고 그 대가가 나중에는 얼마나 커질지 아무도 모른다.

하지만 그냥 감사한다면 당신은 점점 대가 없이 받는 법을 알게 될 것이다. 당신이 대가를 지불했더라도 감사하라. 다음에는 그 대가가 점점 줄어들 것이다. 그리고 조건 없이 받기 시작할 것이다. 감사는 당신의 잠재의식에게 '나는 아무런 조건 없이 받는 세상에서 살고 있다'라는 믿음을 갖게 한다. 감사하지 않는 사람이 감사하는 사람보다 더 풍요롭게 되지 못하는 것은 당연하다.

자신이 정당하게 대가를 치러야만 무언가를 얻을 수 있다고 믿으면 끊임없이 대가를 치러야 한다. 그리고 대가를 치르지 않으면 자원은 계속 고갈된다. 하지만 감사하는 사람은 모든 자원을 그냥 끌어모은다. 이런 원리를 생각하면 불평하는 사람은 항상 부족하게 살아갈 수밖에 없다. 불평은 불만족스러울 때 나온다. 자신이 지불한 대가보다 더 적게 받았다고 믿는 것이다. 자신의 절망적인 상황을 자신의 힘으로 바꿀 수 없다는 믿음도 섞여 있다.

결국 자신이 통제할 수 없는 상황에서 자원은 고갈되어간다. 어떠한 대가를 지불해도 그에 대한 보답이 오지 않는다. 모든 것들이 대가 없이 자신의 것을 가져간다. 이것이 불평하는 사람들의 세상이다. 물론 어느 정도 사실에 기반해 있을 수 있다. 사람들이 대가 없이 자신의 자원을 가져가고 있을 수 있다. 하지만 그전에 자신의 잠재의식이 이 상황을 불러냈다는 것을 받아들여야 한다.

어떤 상황이든 감사하는 연습을 하라. 감사할 것을 찾아내고 감사하기 시작하라. 그럼 대가 없이 받는 세상에서 살아갈 수 있다. 아인슈타인은 위대한 업적을 세우고 사람들에게 질문을 받을 때 대답은 항상 같았다. 그는 다른 사람에게 감사하는 말만 했다. 자신이 세상에 준 것에 대해 이야기하는 것이 아니라 세상이 자신에게 준 것에만 집중했던 것이다. 그리고 아인슈타인은 이런 말을 남겼다.

"인생에는 두 종류의 삶만 존재한다. 한 가지 삶은 기적은 존재하지 않는다고 믿는 삶이다. 다른 한 가지 삶은 모든 것이 기적이라고 생각하는 삶이다. 나는 모든 것이 기적이라고 믿는다."

모든 사람이 기적 속에서 살아간다. 또한 단 한 명도 예외 없이 기적적으로 자원을 제공 받지 않는다면 살아남을 수 없다. 먼저 우리는 가장 소중한 생명을 아무 조건 없이 받았다. 그리고 우리가 생명을 유지하는 데 필요한 모든 것도 마찬가지다. 햇빛, 물, 공기, 채소, 고기 무엇 하나 인간의 힘으로 만들어낸 것이 없다. 자연이 우리에게 주지 않았다면 만들 수 없는 것들이다. 그리고 태어나서 아무런 힘도 없는 우리를 누군가가 지켜주었다.

그게 부모님일 수도 있고 아닐 수도 있다. 어느 쪽이든 당신이 지금 살아 있다면 당신은 지금까지 보호받았고 삶에 필수적인 것들을 제공받은 것이다. 모든 기적이 우리를 위해 일어나고 있다. 그리고 우리는 그 기적에 너무 익숙해져서 그것을 기적이라고 느끼지도 못하는 것이다. 감사가 힘들다면 가장 기본적인 것부터 감사해보라. 당신이 안 좋은 습관에 물들어 있어서 감사할 것들이 눈에 보이지 않을 수 있다.

하지만 한 가지 명심해야 한다. 가장 기본적인 것이 가장 중요한 것이다. 당신이 당연하게 생각하는 것이 실제로 당신의 인생에 가장 필수적인 것이다. 그리고 그것은 아무런 이유 없이 당신에게 제공된다. 감사할 것이 없다고 생각하는 사람은 비극적인 상황에 있는 사람이 아니다. 자신이 받은 것을 보고 소중하게 여길 줄 모르는 사람이다. 베스트셀러 저자인 론다 번은 그녀의 저서 《The Power》에서 감사의 중요성에 대해 이야기했다. 그리고 우리들이 무엇을 감사할 수 있을지 가이드라인을 알려주었다.

1. 당신이 살아오면서 받은 모든 것에 고마워하라.(과거)
2. 당신이 살면서 받고 있는 모든 것에 고마워하라.(현재)
3. 당신이 삶에서 원하는 것을 이미 받은 것처럼 고마워하라.(미래)

"당신이 받은 것과 현재 받고 있는 것에 고마워하지 않는다면 당신은 사랑을 주지 못하고 현재 상황을 바꿀 파워를 갖지 못한다. 당신이 받은 것, 그리고 지금도 계속 받고 있는 것에 감사하는 마음을 주면 그것은 '더 크게 늘어난다.' 그와 동시에 감사하는 마음이 당신이 원하는 것을 가져다준다!"

우리들은 우리가 받은 것들을 감사할 수 있다. 그리고 우리가 제공받고 있는 것에 감사할 수 있다. 심지어는 우리가 받을 것에 감사할 수 있다! 자신이 원하는 것을 이미 받았다고 믿고 감사한다면 그것을 우리가 실제로 받게 되는 것이다. 일본에 무라타 료타라는 복싱 선수가 있었다. 그는 2012년 런던 올림픽에 출전하게 되었다. 하지만 아시아인은 서구인보다 몸이 작아서 신체적으로 불리한 점이 있었다. 그래서 아시아인들은 자신보다 낮은 체급으로 출전하려고 한다. 하지만 무라타 료타 선수는 체중을 낮추지 않고 중량급으로 출전한다.

사람들은 그가 좋은 성적을 거둘 것이라 기대하지 않았다. 하지만 그는 사람들의 예상을 뒤엎고 금메달을 차지한다. 그가 성공한 비결을 밝히기 위해 그의 개인 공간에 잠입해 촬영한 영상을 공개했다. 그가 개인 공간에서 한 것은 감사였다. 그의 아내는 냉장고에 "금메달을 따게 되었습니다. 감사합니다."라고 쓰인 종이를 붙였다. 그리고 두 부부가 그 종이에 있는 내용을 소리 내서 읽었다. 무라타 료타는 금메달을 목에 걸기 전에 이미 금메달을 가지게 된 것에 감사했다. 그가 받을 것에 미리 감사한 것이다.

미래에 대해 감사하는 것이 어려울 수 있다. 그럼 억지로 감사할 필요는 없다. 지금 감사할 수 있는 작은 것에 감사해보라. 그리고 이전에 받았던 고마운 일을 기억하며 감사의 기분을 느껴보라. 감사의 원리를 알게 되면 미래에 받을 것에 대해 감사하는 것이 자연스럽게 느껴질 것이다.

아이작 뉴턴은 지구가 태양으로부터 가장 최적의 양의 열과 빛을 받는다고 말한다. 그래서 지구에 인간이 살고 있는 것은 절대 우연일 수 없다고 주장한다. 우리가 태양으로부터 최적의 거리에 있는 행성에 존재하는 것, 그러면서 적당한 열과 빛을 받으며 살아가는 것, 이 모든 것이 조건 없이 주어지고 있다는 것을 뉴턴은 말하고 있다.

우리가 받고 있는 것이 얼마나 위대한 것인지 볼 수 있다면, 그리고 그것에 대해 감사할 수 있는 성품을 지니게 된다면, 우리들은 우리가 미래에 받고 싶은 것이 얼마나 작고 사소한 것인지 알 수 있다. 세상에서 가장 위대한 것을 거저 받고 있는 우리들은 모든 것을 거저 받을 수 있다. 그것이 돈이 되었든 트로피가 되었든 상관없다. 그것은 우리가 받아온 것에 비하면 너무 하찮은 것들이다. 지금부터 당신이 가지고 있는 것들을 생각하기 시작하라. 시간을 내어 당신이 가지고 있는 모든 것들에 감사하라. 당신은 필요한 것을 거저 얻을 수 있을 것이다.

베풀면 가진 것이
충분하다는 믿음이 생기고
현실이 달라진다

"베풂의 기회는 제한이 없다.
당신이 경제적으로 힘들다고 해도 베풀 수 있는 기회는 넘친다.
그리고 당신이 베푸는 데 집중한다면
풍요로움이 당신에게 들어올 것이다."

- 매스틴 킵

　많이 가지고 싶다면 많이 베풀어야 한다. 다른 사람에게 베풀 수 있는 배짱이 없는 사람은 아무것도 갖지 못할 것이다. 베푸는 성품은 우리를 부유하게 만들어준다. 우리가 가진 것을 차고 넘치게 만들어줄 수 있는 믿음을 내포하고 있기 때문이다. 가진 것이 없는데 베풀 수 없다. 간신히 생존할 만큼 가지고 있어도 베풀 수 없다. 자원이 넘쳐흐르는 사람만 베풀 수 있다. 남에게 베풀 수 없는 사람은 자신이 항상 부족하다는 믿음이 존재한다. 그 사람은 가진 것이 많이 있으면 베풀 것이라고 이야기할 줄도 모르겠다. 하지만 그런 일은 일어나지 않을 것이다. 더 많이 가지게 되도 베풀지 않겠지만 더 많이 가지게 될 일은 생기지 않을 것이다.

세상은 우리의 마음을 비춰줄 뿐이다. 가난한 마음을 가지고 자기 것을 쥐고 있으면 결과는 뻔하다. 가난한 마음은 항상 가난을 불러온다. 하지만 일단 베풀기 시작하면 상황은 달라질 것이다. 베풂은 가난한 생각을 뒤흔들어놓는다. 작은 것이라도 다른 사람에게 베풀 수 있을 때 잠재의식은 자원이 넘치고 있다고 인식한다. 그렇게 잠재의식이 부유하게 바뀌는 순간 그것이 현실로 일어난다. 넘치게 가지고 있다는 믿음을 당장 갖기 힘들다면 그전에 먼저 할 수 있는 것이 있다.

먼저 감사하는 것이다. 감사와 베풂은 떼어놓을 수 없는 성품이다. 감사하면 베풀기 쉽고 베풀면 감사하게 된다. 대가 없이 받은 것을 보면서 감사할 수 있다면 대가 없이 베풀기는 쉬워진다. 자기 자신이 대가 없이 받았으므로 다른 사람에게 대가 없이 주는 데에 거부감이 없어지기 때문이다. 자기가 받았던 것처럼 대가 없이 베풀기 시작하면 자원이 넘치게 들어오기 시작한다. 베풀 것이 더욱 많아지는 것이다.

반대로 감사하기 힘든 사람들은 베풀기부터 시작하는 것도 좋다. 일단 작은 것이라도 베풀다 보면 세상이 당신에게 더 많은 것을 베풀어주는 것을 경험하게 된다. 자원은 넘치게 되고 감사하기는 더 쉬워진다. 넘치는 사람만 베풀 수 있다. 베푸는 사람만이 쉽게 받을 수 있다. 그리고 쉽게 받는 사람만이 다시 쉽게 줄 수 있다. 부의 사이클은 이렇게 완성된다. 일본 베스트셀러 작가인 미야모토 마유미는 한 TV 프로그램을 보면서 충격을 받는다.

그 프로그램에서는 실험을 진행하고 있었다. 생판 모르는 사람이 길에서 돈을 주는 것이다. 카메라는 그 사람들이 돈을 받는지 그렇지 않은지 관찰하고 있었다. 그 돈을 거절하는 사람들도 있었고 고민하지도 않고 바로 받아가는 사람도 있었다. 실험을 마치고 그 실험에 참가하게 된 사람들을 조사해보았다. 돈을 쉽게 받은 사람들은 부자들이었다. 그리고 돈을 거절한 사람들은 경제적으로 넉넉한 사람들이 아니었다.

별것 아닌 실험일지도 모르지만 부자와 그렇지 않는 사람의 잠재의식 상태를 보여준다. 부자는 대가 없이 쉽게 받는 것이 당연하다고 생각한다. 그래서 베풀 때 역시 대가 없이 쉽게 베푼다. 하지만 부자가 아닌 사람은 그럴 수 없다. 무언가를 얻어내는 것은 매우 힘들고 어려운 일이라고 생각한다. 그 결과 다른 사람이 베푸는 것을 쉽게 못 받아들인다. 무언가를 받으면 대가를 치러야 한다고 생각하기 때문이다. 마찬가지로 남들이 대가를 치르지 않는 이상 절대 자신의 것을 내어주지 않는다.

우리가 꿈꾸는 세상에서 살고 싶다면 우리가 먼저 꿈꾸던 세상을 만들어가야 한다. 서로가 아낌없이 베푸는 세상을 원하면 내가 먼저 베풀어야 한다. 그러면 이미 서로가 아낌없이 베푸는 세상에서 살고 있었다는 것을 깨닫게 될 것이다.

론다 번이 〈시크릿〉이라는 영화를 만들 때의 일이다. 그녀의 경제적인 사정이 최악으로 치닫고 있었다. 한도가 다 차버린 신용카드는 점점 늘어나고 있었다. 아파트는 이미 저당 잡혀 있었다. 그리고 영화를 만드느라 빚은 수백만 달러에 달했다. 직원들은 돈을 달라면서 아우성 치고 있는 데 그들에게 월급을 지불할 방법이 마땅히 생각나지 않았다.

하지만 론다 번은 자신의 마음 상태가 가장 중요하다는 사실을 알고 있었다. 경제적인 문제에 초점이 흐려져서 가난한 생각들이 마음속에 들어오는 것이 그녀에게는 가장 큰 문제였다. 그래서 그녀는 한 가지 결정을 내린다. 곧바로 ATM으로 가서 수백 달러를 인출했다. 그것은 신용카드 계좌에서 뺀 것이었다. 원래는 그 돈으로 청구서 금액을 지불해야 했다. 그리고 남은 돈으로는 음식을 사야 했다. 하지만 그녀는 그 돈을 들고 사람들이 붐비는 거리로 갔다. 그리고 그곳에 지나다니는 사람에게 모두 나누어줘버렸다. 그녀는 돈을 줄수록 알 수 없는 기쁨을 느꼈다. 그래서 주말 동안 기쁨의 눈물을 흘리기도 했다.

그녀는 그 이후에 믿기 힘든 일이 일어나기 시작했다고 말한다. 돈이 하늘에서 떨어지듯 들어오기 시작했다. 통장을 보니 2만 5,000 달러가 들어 있었다. 그리고 그녀가 잊고 있던 친구 회사의 주식이 있었다. 주가가 오른 적이 없었기 때문에 기억에서 사라져 있던 주식이었다. 그런데 때마침 주가가 급상승했다는 연락을 받았다. 그래서 그 주식을 팔아 더 많은 돈을 확보할 수 있었다. 론다 번은 부유한 마음 상태를 유지하기 위해서 나눔을 실천하는 것이 가장 좋다고 생각했다. 자신이 베풀 수 있을 만큼 여유롭다고 잠재의식에 메시지를 던진 것이다.

"나는 책을 읽으면서 내가 벌어들인 수익의 10퍼센트는 다른 사람에게 돌려줘야 한다는 사실을 깨달았다. 왜 돌려줘야 할까? 먼저 우리는 마땅히 우리가 받은 것을 돌려줘야 한다. 또 다른 이유로는 베푸는 것은 모두에게 가치 있기 때문이다. 그 외에도 가장 중요한 이유가 있다. 우리는 우리의 것을 돌려줌으로써 우리의 무의식에게 이미 넘치도록 많은 것을 가지고 있다는 메시지를 전달한다. 이것은 정말 큰 가치가 있는 신념이다. 우리가 차고 넘치도록 가지고 있으면 우리가 원하는 것을 가질 수 있다. 그리고 다른 사람도 원하는 것을 가질 수 있다. 그리고 우리가 이런 생각을 가지고 있으면 그것을 현실로 이뤄낼 수 있다."

토니 로빈스가 했던 말이다. 토니 로빈스 역시 베풂의 힘을 알고 있었다. 베풂이라는 것은 사심 없이 내어주는 것이다. 당연히 무언가를 얻기 위해서 베풀지 않는다. 무언가를 얻기 위해 베푼다면 다시 받을 수도 없다. 순수한 마음으로 베풀 수 있을 때 우리들은 풍요로운 잠재의식을 가지게 된다. 그리고 마음의 풍요는 현실의 풍요로 이루어진다. 하지만 가난하다고 생각돼도 베풀기 시작하라. 당신에게 도움을 받은 사람들을 보면 당신의 생각은 서서히 바뀌게 된다. 가난해도 다른 사람이 더 나은 삶을 살 수 있도록 도울 힘이 있다는 것을 알게 된다. 그리고 그 힘으로 당신 자신의 삶도 더 좋게 바꿀 수 있다고 믿게 될 것이다.

뉴스 기사를 보다 보면 가끔 억만장자나 유명인이 기부를 했다는 소식을 접하게 된다. 그리고 더 자세히 알아보면 기사에 나오는 일화들은 극히 일부분일 뿐이라는 것을 알 수 있다. 수많은 부자들이 습관처럼 나눔을 실천하고 있다. 그들은 가진 것이 많아서 베푸는 것이 아니다. 베푸는 것만큼 가치 있는 일이 없다는 것을 알고 있기 때문에 베푼다. 그리고 그 베풂은 온전히 자기 자신에게로 돌아온다. 여유롭고 풍족하다는 믿음은 절대 당신을 배신하지 않을 것이다.

대한민국에서 가장 유명한 재벌 중의 한 명인 정주영 회장도 베푸는 것을 중요하게 생각했다. 그의 자서전 《이 땅에 태어나서》에서 그는 이렇게 말한다.

"현대건설의 성장 과정에 기여한 근로자들의 노고를 나는 잊지 않는다. 엄동설한에도, 열사의 중동에서도 그 힘든 공사를 최선을 다해 해냈던 우리 근로자들의 땀과 정성이 없었다면 현대건설의 눈

부신 성장도 없었을 것이다. 현대건설의 사회 환원은 그런 외롭고 가난하고 소외된 이들에게 돌리고 싶었다. 1977년 7월 1일, 나는 현대건설의 개인 주식 50%를 내놓아 '아산사회복지사업재단' 설립을 발표했고, 매년 약 50억 원의 배당 이익금으로 사회복지 사업을 하도록 했다. 모든 것의 주체는 사람이다. 가정과 사회, 국가의 주체도 역시 사람이다. 다 같이 건강하고 유능해야 가정과 사회, 국가가 안정과 번영을 이룰 수 있다."

정주영은 먼저 자신이 대가 없이 받았다는 것을 알았다. 그가 이룬 모든 일은 절대로 혼자 힘으로 해낼 수 없었던 것이라고 생각했다. 그가 세운 기업을 위해 열심히 땀을 흘려준 노동자들이 있었다. 정주영은 노동자들이 준 것을 넘치도록 받았다고 믿었다. 그의 생각은 의심할 여지없는 사실이다. 하지만 그가 그만한 부를 가지게 된 것도 다 그의 믿음 덕분이었다. 그가 기꺼이 다른 사람과 나누고자 했던 성품이 그에게 풍요로움을 가져다준 것이다.

넘치도록 가지고 싶다면 넘치도록 베풀어라. 당신의 잠재의식은 당신이 무한한 자원을 가지고 있다고 믿게 될 것이다. 아무리 많이 퍼줘도 넉넉하다고 인식하게 될 것이다. 베풂은 나와 내 주변 사람들이 풍요롭게 지낼 수 있도록 만드는 열쇠이다. 당신의 주변 사람들은 당신에 의해 풍요로워질 것이다. 당신은 당신의 풍요로운 잠재의식 때문에 더 풍요로워질 것이다. 풍요의 열쇠를 마음껏 사용하기를 바란다.

범사에 기뻐하면
기쁨에 대한 믿음이 생기고
현실이 달라진다

"인생은 가까이서 보면 비극이지만 멀리서 보면 희극이다."

- 찰리 채플린

심각한 상황에 있는 사람은 기뻐할 수 없다. 즐겁게 웃을 수도 없다. 항상 심각한 표정을 지으며 진지한 이야기만 늘어놓을 것이다. 하지만 이것은 잠재의식이 계속 심각한 상황을 불러일으키게 만든다. 모든 것이 진지하고 무거워진다. 당신이 아무리 절망적인 상황에 있더라도 상관없다. 그 상황에 너무 빠져들어서는 안 된다. 당신이 어떤 상황에 있든지 그것을 심각하게 만드는 것은 당신이다. 모든 것이 우리들의 마음에서 비롯된다는 사실을 알면 너무 심각해지는 일은 없을 것이다. 현실에서 일어나는 일 중에서 심각한 일은 없다.

그곳에 심각한 의미를 부여한 것은 우리 자신이다. 우리가 항상 기뻐하는 성품을 가지면 어떤 상황이든 쉽게 대처할 수 있는 법을 알게 된다. 기쁨이라는 것은 모든 것이 잘되고 있다는 잠재의식에서 나온다. 또 기쁨은 당신을 괴롭히는 일이 없고 모든 일이 해결되었다는 메시지를 잠재의식에 보낸다. 당신이 그냥 기뻐하면 모든 상황이 즐겁게 바뀔 것이다. 어떤 상황에서든 즐기고 웃어라. 당신의 상황을 웃기게 만들고 가볍게 만들어라. 그러면 당신은 웃을 날이 점점 많아질 것이다. 찰리 채플린은 이 점을 잘 알고 있었다.

우리들의 비극적인 상황을 멀리서 볼 수 있다면 그것은 희극으로 바뀐다. 당신이 처한 상황에 몰입하지 말고 멀리서 그것을 바라본다고 생각하라. 세상에 비극이 없다는 것을 어렴풋이 느낄 수 있을 것이다. 세상에 위대한 일들을 해낸 사람들이 가장 잘하는 것 중 하나가 즐거워하는 것이다. 당신은 성공한 사람들의 모습을 부러워하기 전에 생각해봐야 할 것이 있다. 그들이 감당하고 있는 것을 생각해 보라. 평범한 사람은 그 자리에서 잠시라도 견디지 못할 것이다. 몇만 명의 직원을 거느리고 있는 재벌은 겉으로는 좋아 보인다.

하지만 그 재벌의 잘못된 선택 하나로 수만 명의 인생이 한 순간에 망가질 수도 있다. 한 국가의 원수가 되어서 모든 사람의 정점 위에 오르면 기분이 끝내줄 것 같다. 하지만 국가 원수의 실수 하나가 국가의 운명을 끝장낼 수도 있다. 그리고 국가 안에서 살아가는 국민들이 하루아침에 재앙 속으로 들어갈 수도 있다. 우리가 이야기하는 대단한 사람도 평범한 사람과 다를 바 없는 인간이다. 하지만 그들은 문제를 너무 심각하게 받아들이지 않고 대할 수 있는 사람들이다. 막막하고 답답한 상황에서도 한바탕 웃으며 상황을 넘길 수 있는 사람인 것이다.

이들의 기쁨과 웃음을 현실에서 도피하기 위해 코미디 보는 것과 비교해서는 안 된다. 현실 도피를 위해서 실없이 웃는 것은 잠재의식에게 상황이 얼마나 심각한지 알려줄 뿐이다. 큰일을 하기 원한다면 어떤 상황에서든 즐거워할 수 있어야 한다. 눈앞에 닥친 상황이 사실 허상에 불과함을 깨달아야 한다. 잠재의식이 모든 상황을 쉽게 받아들이면 당신의 삶에도 해결하기 쉬운 일들만 벌어질 것이다.

기쁨과 웃음은 상황과 관련이 없다. 그것은 우리들의 마음 상태와 관련이 있다. 오늘 웃을 수 있는 사람은 내일도 웃고 있을 것이다. 오늘 웃지 못하면 앞으로도 웃을 날은 오지 않는다. 항상 기뻐하라. 오늘 웃을 수 있는 일을 찾아보는 것이다. 심각한 일에 대한 당신의 생각을 조금 바꿔보라. 멀리서 연극을 보듯이 당신의 상황을 들여다본다면 같은 상황을 좀 더 여유롭게 바라볼 수 있을 것이다. 일본의 억만장자인 사이토 히토리도 항상 유머를 잃지 않았다고 한다. 사이토 히토리의 제자이자 베스트셀러 작가인 마야모토 마유미는 사이토 히토리를 이렇게 묘사한다.

"히토리 씨가 이야기를 할 때는 항상 유머를 곁들입니다. 그는 누군가에게 상처주지 않으면서 모두가 웃을 수 있는 이야기를 해요. 긴

장된 상황에서도 그의 유머로 분위기가 쉽게 누그러지죠. 웃으면 신기하게 표정이 부드러워지고 마음도 한결 여유로워집니다."

웃음은 잠재의식이 우리에게 아무런 문제가 없다는 것을 인식했을 때 나온다. 우리가 날마다 기뻐하면서 웃을 수 있다면 어떤 상황이 닥쳐도 그것을 극복해낼 수 있을 것이다. 케빈 하트는 미국에서 최고의 코미디언 중 한 명이다. 그는 스탠드 업 코미디로 큰 명성을 얻었다. 그가 필라델피아의 풋볼 경기장에서 〈왓 나우?〉라는 공연을 했을 때는 그의 코미디를 보기 위해 5만2천 명의 관객이 모이기도 했다. 하지만 그의 성공은 그가 겪은 어린 시절의 어려움을 모두 극복해낸 결과였다.

그의 아버지는 마약 중독자였다. 케빈은 그런 아버지로부터 받은 상처들이 많이 있었다. 수영도 못하는 케빈을 호수로 집어던진다든지 경찰견을 훔쳐서 집으로 데려온 적도 있었다. 항상 마약에 취해 있었고 마약에 취해 다른 여자들과 놀아나는 것도 알게 되었다. 어머니 외에 다른 여자에게서 태어난 혼외자도 있었다. 어린 케빈은 아버지가 마약에 빠졌다는 사실을 받아들이기 힘들었다고 말한다. 그의 집안은 어머니가 모든 것을 책임지고 있었다. 하지만 든든하게 그의 뒤를 지켜주던 어머니도 암으로 투병하다가 돌아가시고 만다. 케빈은 그의 아픔을 코미디 쇼에서 이야기한다.

"마약 때문에 멍청한 일들이 일어나지. 학부모 회의 날에 아빠가 학교에 오게 됐어. 학부모들이 학교에 와서 선생님이랑 상담도 하고 이야기하는 그런 날이었던 거지. 그런데 아빠가 팬티도 안 입고 그냥 추리닝 바지만 입고 온 거야. 자지가 여기저기로 덜렁거리더라고. 지어낸 게 아니라 진짜 있었던 일이야. 이게 내가 본 모습이었어.

(케빈 하트가 마이크를 가랑이 사이에 갖다 대며 이리저리로 움직인다.)

'야, 케빈! 야, 케빈!'

(움직일 때마다 가랑이 사이의 마이크가 정신없이 흔들린다.)

아빠가 멈춰 설 때마다 자지가 덜렁거리더라."

그는 아픔을 웃음으로 승화시켰다. 그는 자신이 겪었던 고통스러운 상황에 빠져들지 않았다. 그리고 그 상황을 즐기며 여유롭게 웃을 수 있게 되었다. 케빈은 웃음으로 자신이 겪었던 상처를 극복해내었다.

"솔직하게 아빠의 잘못을 얘기할 수 있어요. 전 아무렇지 않아요. 그것 때문에 망가지거나 감정적으로 되지 않았죠. 다행이에요. 그걸 극복해야 했어요. 저의 경우 가장 좋은 방법은 가장 잘하는 개그로 승화시킨 거였죠. 개그 안에서 아픔을 찾으면 결국 상처가 치유돼요."

그는 다큐멘터리 〈케빈 하트 이번엔 장난 아님〉에서 자신의 심정을 고백한다. 그는 쉽게 극복할 수 없는 문제 앞에서도 그것 때문에 자신의 삶을 심각하게 만들지 않았다. 케빈 하트는 성공한 이후에 아버지를 정성으로 돌봤다. 마약 중독에서 벗어날 수 있도록 도와주고 아버지에게 필요한 모든 것을 주려고 했다.

"원하는 건 뭐든 해줄 거예요. 몇 년 안 남았다고 한다면 남은 생을 최고로 편하게 해주고 싶어요. 전 아빠한테 어떤 원한도 없어요. 싫어하지도 않아요. 분개하지도 않고요. 그런 적도 없어요."

단순한 문제를 복잡하게 만들 필요 없다. 아무것도 아닌 것을 큰 문제로 만들 필요도 없다. 우리가 현실에서 겪는 문제 중에 심각하게 받아들일 일은 아무것도 없다. 날마다 기뻐하면 된다. 여유롭게 웃음을 지으며 살아가면 된다. 우리는 그러기 위해 태어났다. 당신에게 닥친 문제가 너무 심각하게 느껴진다면 그 문제를 멀리서 바라보아라. 그 상황에서 기뻐할 이유를 찾고 웃을 만한 요소를 찾아보라. 상황은 그대로일지라도 당신의 마음이 한결 가벼워질 것이다. 당신이 기쁨과 웃음을 잃지 않는다면 어떤 어려움에서도 쉽게 돌파구를 찾을 수 있을 것이다.

롤모델을 만나면
잠재의식이
긍정적으로 변화가 된다

롤모델을 만나는 것은 당신의 잠재의식에 긍정적인 영향을 미치게 해줄 것이다. 롤모델이라는 단어 자체가 잠재의식을 바꿔주는 사람이라는 의미를 내포하고 있기 때문이다. 롤모델은 당신에게 새로운 세계를 보여주는 사람이다. 새로운 경지를 보여주고 새로운 생각을 전해준다. 롤모델은 당신이 원하는 것을 이미 이룬 사람으로서 우리의 믿음을 강화시켜준다. 우리가 원하는 것을 이뤄낼 수 있다는 믿음의 근거가 되기 때문이다. 당신이 잠재의식을 바꾸고 싶다면 롤모델을 정해 그 사람을 만나는 것은 매우 좋은 전략이 될 것이다.

사람들은 수천 년간 생물학적으로 인간이 4분 안에 1마일(1,609m)을 뛸 수 없다고 믿었다. 하지만 1954년에 이런 믿음은 산산조각이 났다. 로저 배니스터가 1마일을 4분 안에 뛰어버린 것이다. 하지만 그다음에 벌어진 일은 더 놀라웠다. 로저 베니스터가 4

분의 벽을 깨버렸다는 사실이 널리 알려지자 다른 사람들도 그것을 깰 수 있다는 믿음이 생겨버린 것이다. 그래서 로저가 4분의 벽을 돌파한 지 1년이 안 돼서 37명이 그 1마일을 4분 안에 뛸 수 있게 되었다. 그리고 4분의 벽을 깬 사람들의 숫자는 1년이 지나자 300명이나 되었다.

롤모델이 우리에게 주는 효과도 이와 비슷하다. 우리들이 불가능하다고 생각하는 것을 가능하다고 바꿔줄 수 있는 존재가 롤모델이다. 이런 작은 믿음의 변화가 사소한 것으로 느껴질지 모르겠지만 실상 이것은 어마어마한 변화이다. 이 작은 변화가 우리들의 운명을 바꿔놓을 수도 있다. 그러므로 롤모델을 만나려고 할 때 믿음을 바꾸는 것이 중요하다는 것을 명심해야 한다. 롤모델의 역할은 당신이 무엇을 어떻게 해야 할지 조목조목 알려주는 것과는 거리가 멀다. 당신이 어떤 정답을 알려줄 것을 기대하면서 롤모델을 찾고 만나려고 한다면 당신이 원하는 것을 얻지 못할 것이다.

워렌 베니스는 별 특별할 것 없는 대학생이었다. 그는 MIT 경영대학원을 가고 싶었지만 그곳을 들어가기에는 수학점수가 너무 낮았다. 고민 끝에 대학 총장으로 있던 더글라스 맥그리거를 찾아가보기로 한다. 더글라스 맥그리거는 X이론 Y이론을 만들며 현대 경영학에 엄청난 영향을 미친 거장이었다. 워렌 베니스는 훗날 더글라스 맥그리거를 만난 이후 인생이 변했다고 회상했다. 더글라스 맥그리거가 워렌 베니스에게 해준 것은 대단한 것이 아니었다. 거금의 돈을 손에 쥐어준 것도 아니고 수천 년간 내려오던 성공하는 비법서를 준 것도 아니었다. 워렌 베니스는 더글라스 맥그리거와 만나 믿음이 변했다.

"맥그리거 총장님을 만나고 난 뒤 제 인생이 완전히 바뀌어버렸습니다. 그가 제게 해준 것 중에 가장 위대한 것은 제게 자신감을 심어주었다는 것입니다. 그리고 나의 미래에 대해 확신할 수 있게 해주었습니다. 그분 없이는 지금의 내가 존재할 수 없었을 겁니다. 제가 더 넓은 세상에서 살아갈 수 있다는 새로운 가능성을 보여주셨죠."

많은 사람들이 인생을 바꾸기 위한 어떤 특별한 것을 찾는다. 다른 사람이 가지지 못한 큰돈을 가지면 인생이 바뀔 것이라 생각한다. 우리를 완전히 뒤바꿔줄 어떤 사람을 만나면 삶을 변화시킬 수 있을 것이라고 생각한다. 하지만 우리들의 인생을 바꿀 수 있는 어떤 특별한 것은 없다. 오히려 평범함 속에 특별한 변화가 숨겨져 있다. 롤모델이 자신의 인생을 바꿔줄 거라고 생각해서 가는 것은 올바른 방법이 아니다. 롤모델을 만나는 것은 그들이 얼마나 평범한지 확인하러 가는 것이다. 그들을 만나면서 자연스럽게 느끼면 된다. 그들도 우리와 다를 바 없는 평범한 인간이라는 것. 하지만 단지 평범한 사람들과는 조금 다른 생각을 한다는 것.

워렌 버핏은 《현명한 투자자》라는 책을 인상 깊게 읽었다. 덕분에 그 책을 썼던 벤저민 그레이엄을 무척이나 존경하게 되었다. 벤저민 그레이엄을 무척이나 만나고 싶었던 워렌 버핏은 그가 교수로 있었던 컬럼비아 대학원에 입학한다. 그리고 그의 책을 달달 외우다시피 공부했으며 그의 수제자가 되어 개인적인 친분을 쌓았다. 워렌 버핏은 크게 성공한 이후로 자신의 85%는 벤저민 그레이엄이라고 고백하기도 했다. 워렌 버핏은 자신의 롤모델을 직접 찾아가 그와 시간을 보내며 많은 것을 배웠다. 워렌 버핏이 벤저민 그레이엄에게 감명이 깊었던 것은 단지 그가 가지고 있던 지식 때문만은 아니었다.

그가 세상을 바라보는 시각이나 투자를 하면서 가지고 있는 철학이 워렌 버핏의 마음을 울린 것이다. 벤저민 그레이엄은 워렌 버핏에게 새로운 세계를 보여준 것이다. 결국 워렌 버핏은 벤저민 그레이엄의 영향으로 주식 중개인에서 주식 투자자로서 성공하고 싶다는 열망을 키웠다. 롤모델을 단순히 사회적인 명성을 가지고 있는 사람으로 한정시킬 필요는 없다. 당신의 잠재의식을 더 긍정적으로 바꿔주고 새로운 세계를 볼 수 있도록 도와주는 사람은 누구나 롤모델이 될 수 있다. 세상 누구나 알 만한 사람을 만날 수 있다면 좋겠지만 그런 사람은 만날 수 없다고 해서 실망할 것 없다.

유명인사를 가까이서 직접 보는 것은 그들의 삶에 대한 환상을 깨는 데에 의미가 있다. 그리고 그들이 이룬 것들을 나 역시 이룰 수 있다는 믿음을 강화할 수 있을 때 도움이 된다. 하지만 당신 주변에서 당신이 원하는 믿음을 가지고 있는 사람이 있다면 그 사람을 롤모델로 삼아 만나는 것도 큰 도움이 될 것이다. 유명인사가 우리를 바꿔줄 특별한 능력이 있는 것이 아니기 때문이다. 중요한 것은 그들이 가지고 있는 생각과 믿음이다. 만약 그들을 만나는 것이 당신의 믿음에 중요한 영향을 끼칠 것이라고 생각한다면 만나야 한다. 하지만 그들을 신격화하는 것은 우리에게 아무런 도움이 되지 않는다.

나폴레온 힐은 평범한 기자였지만 507명의 부자들을 만나며 잠재의식을 바꿔나갔다. 결국 그 역시 성공의 법칙이라는 명작을 써내며 세상에 이름을 남겼다. 하지만 우리 모두가 나폴레온 힐과 같은 방법을 쓸 필요는 없다. 당신 주변에서 롤모델을 찾아 더 좋은 믿음을 당신의 것으로 만들어 나갈 수 있기 때문이다. 주변을 밝고 따뜻하게 만드는 사람을 찾아 그 사람의 따뜻함을 느껴라. 어떤 환경에서도 웃음을 잃지 않고 긍정적으로 상황을 해쳐나가는 사람을 만나 그의 성품을 배워라. 세상을 보는 넓은 시야를 가지고 새로운 세상을 향해 개척해나가는 사람에게 에너지를 받아라. 성공은 항상 먼 곳에 있는 것이 아니다. 성공은 가장 가까운 곳에도 존재한다.

모든 것을
받은 사람처럼 친절하면
믿음과 현실이 달라진다

"사랑을 찾고 있는 사람이 있다면
그 사람은 사랑이 부족한 현실을 마주하게 됩니다.
사랑을 이미 가지고 있는 사람만 사랑을 발견할 수 있으니까요.
사랑이 가득한 사람은 사랑을 찾으려고 하지 않습니다.
여러분도 사랑을 찾으려고 하는 대신에
사랑이 스스로 오도록 초대해보세요."

- 네빌 고다드

친절은 사람이면 마땅히 받아야 할 존중을 보여주는 것이다. 친절은 사회적으로 갈등을 방지하기 위해 만든 예의보다 더 진실된 개념이다. 예의는 겉으로 존중을 표함으로써 불필요한 갈등을 피하게 해준다. 반면 친절은 가슴에서 우러나와 상대방의 가치를 존중해주는 행위이다. 요즘에는 사람들끼리 서로 제대로 된 존중을 하지 않는 집단들이 많이 있다. 가족, 학교, 직장같이 가까운 곳에서부터 존중을 받지 못한 탓에 인간의 가치를 낮게 생각하는 경우가 많다. 하지만 지금 세상이 어떻든 인간의 가치는 전혀 낮아지지 않았다.

누구나 이유 없이 사랑받을 자격이 있다. 모두가 조건 없이 받아들여질 가치가 있다. 우리는 존재 자체만으로 세상을 기쁘게 하는 존재이다. 우리를 만나면 누구든지 웃음을 지을 수밖에 없고, 어디를 가든지 큰 환영을 받아야 하는 존재이다. 하지만 어찌 된 일인지 사람들끼리 서로의 가치를 깎아내리려는 일들이 많아졌고 친절을 베푸는 것이 희귀하게 되어버렸다. 하지만 이것은 자기 스스로를 깎아내리는 사람이 많아졌음을 보여준다. 친절을 받아보지 못한 사람은 친절해질 수 없다. 인간 대접을 받아보지 못한 사람은 진짜 인간의 가치를 알 수 없다. 우리는 스스로에게 먼저 친절해질 필요가 있다.

"자기 자신에게 친절해지세요. 여러분 스스로를 있는 그대로 받아들이고 마음껏 사랑해주세요. 그러면 당신 속에 자고 있던 가능성이 나타날 것입니다."

루이스 헤이 역시 자신에게 친절해지는 것의 중요성을 이야기했다. 자기 자신이 마땅히 받아야 할 대우를 스스로에게 먼저 해주는 것이다. 자기 자신을 사랑하고 자신의 존재를 받아들여라. 살아 있음에 항상 기뻐하고 거울을 보며 항상 웃음 지어라. 어디 가서 무엇을 하든지 자신을 위해 환호해라. 자신에게 친절해지면 다른 사람에게 자연스럽게 친절을 베풀 수 있게 된다. 그리고 머지않아 다른 사람들도 당신에게 앞다투어 친절을 베풀기 시작할 것이다.

심리학자이자 《8주간의 자기 사랑 연습》의 저자 로버트 홀든은 자기 스스로에게 친절을 베풀 수 있는 한 가지 방법을 알려준다. 로버트 홀든은 행복수업을 만들어 사람들에게 행복해질 수 있는 방법을 알려주곤 했다. 그때 사람들에게 알려준 방법 중에 하나가 '받음의 명상'이다. 자기가 경험하고 싶었던 것, 받고 싶은 것을 명상을 통해 받아내는 것이다. 다른 사람에게 친절한 대우를 받는 기분을 상상을 통해서 얻어낸다. 그리고 그 상상이 현실이 되도록 만드는 것이다.

상상을 통해서 친절을 경험해도 현실에서 경험한 것과 동일한 효과를 얻을 수 있다. 스스로에게 친절을 베푸는 것이 어렵게 느껴진다면 다른 사람이 당신에게 친절을 베푸는 상상을 하는 것도 좋은 방법이다. 로버트 홀든의 수업에 참가한 사람 중에 벤 바틀이라는 사람이 있었다. 그는 로버트 홀든의 수업을 받으며 삶이 갈수록 행복해지고 있는 것을 경험했다. 그러는 중 마침내 '받음의 명상'의 수업을 받게 되었다. 그 수업을 받은 후 벤 바틀은 텔레비전에 방영하는 퀴즈쇼에 나가게 되었다. 그는 퀴즈쇼에서 25만 달러의 상금을 받았고 그 상금을 들고 수업에 찾아왔다.

그가 받은 상금은 그가 완전히 새로운 삶을 살게 되었음을 상징하고 있었기 때문이다. '받음의 명상'의 효과를 톡톡히 누린 것이다. 그가 수업에서 고백하기를 그는 항상 싸워서 무언가를 쟁취해야만 살아남을 수 있다고 믿었다. 하지만 그의 믿음은 그 자신에게도 그리고 다른 사람에게도 친절할 수 없도록 만들었다. 자기 자신을 항상 결핍의 상태로 몰아붙여야 했다. 경쟁에서 밀리면 항상 패배자로 몰아세웠다. 무언가를 차지하지 못한 인간은 존재 가치가 없다고 믿어버린 것이다. 그리고 그런 잣대는 다른 사람에게 그대로 적용되었다.

다른 사람은 항상 이겨야 하는 대상이었다. 자신보다 많은 것을 쟁취하지 못한 사람은 취급을 하지 않았던 것이다. 하지만 명상 이후 잠재의식이 바뀌고 대가 없이 무언가를 받게 되었다. 퀴즈쇼에 운 좋게 참가자로 선정되었다. 그리고 퀴즈를 풀면서 재밌고 놀다보니 상금도 받게 되었다. 이전에는 상상도 할 수 없었던 상황이었다. 그는 자신이 아무런 대가 없이 원하는 것을 받을 자격이 있다는 것을 현실에서 느끼게 된 것이다. 그리고 자기 자신에게 너그러워진 만큼 다른 사람에게도 너그러워졌다. 그는 투쟁해서 무언가를 얻어내는 것이 아니라 모두가 원하는 것을 충분히 얻을 수 있는 세상을 받아들였다.

"저는 싸워서 쟁취하는 것에 중독되어 있었습니다. 이제 저는 항상 뭔가가 부족하다는 느낌과 투쟁심은 아무런 도움이 되지 않는다는 것을 깨달았죠. 저는 투쟁에서 자유로워지고 다른 사람에게 너그럽게 대할 수 있는 상황을 시각화했습니다."

당신은 당신이 필요한 모든 것을 다 갖추고 있다. 그것이 물질적인 것이든 정신적인 것이든 구분 없이 말이다. 그리고 당신은 인간으로서 받아야 할 모든 존중을 받아왔다. 이유 없이 작은 배려를 받은 적이 있을 것이다. 당신을 보면 좋아서 웃어주는 사람이 있었을 것이다. 대가 없이 어떤 집단에 받아들여진 적도 있다. 없다고 생각된다면 그것은 당신의 기억 속에서 사라져 버린 것뿐이다. 분명 한 번씩은 존재할 것이다. 그런 것이 없었다면 당신은 지금 존재할 수 없을 것이기 때문이다.

당신의 기억을 활용해서 당신이 받은 친절을 남에게도 베풀어야 한다. 당신이 무례하고 비인격적인 대우를 받은 것만 기억한다면 앞으로의 삶은 계속 그런 것들로 넘쳐날 것이다. 당신의 잠재의식을 바꿔놓으라. 세상 모두가 당신에게 친절을 베풀고 있는 것처럼 살아라. 친절은 적을 만들지 않는다. 당신을 도와주는 사람이 한 명씩 늘어날 것이다. 도무지 친절을 받은 기억이 없다면 당신이 먼저 친절을 실천하라. 주변에 친절한 사람을 찾아서 그가 베푸는 작은 배려를 흉내내는 것이다. 친절이 가득한 사람은 친절한 행동을 알아차린다. 당신이 어느 날 그런 사람에게 친절을 베푼다면 그들은 당신에게 진정한 친절로 갚아줄 것이다.

그럼 그때의 기억을 잊지 마라. 당신에게 감사하면서 친절을 갚아주는 사람의 표정을 잘 관찰하고 그들의 기분을 느껴보라. 친절이 가득한 사람의 마음을 당신의 것으로 가져올 수 있다. 작은 친절의 습관을 가지는 것만으로 당신의 가치를 깎아내리는 사람은 줄고 당신의 가치를 존중하는 사람이 늘어난다. 당신 역시 자신을 존중할 수 있게 되고 자신감이 늘어난다. 이렇게 당신의 잠재력을 마음껏 펼칠 수 있는 환경을 만들어가는 것이다. 무례함은 쓸데없는 다툼을 일으킨다. 하지만 언제나 친절을 선택하면 당신이 원하는 것을 이루는데 다른 사람의 방해를 최소화시킬 수 있음을 명심해야 한다.

겸손, 모든 문제는
나로부터 시작되었음을
인정해야 한다

까치발로 서 있는 사람은 오랫동안 서 있을 수 없고.
큰 걸음으로 급하게 가는 자는 멀리 갈 수 없다.
스스로 자신을 드러내려고 하는 사람은 뚜렷하게 드러나지 못하고
자신이 옳다고 하는 사람은 빛날 수 없다.
자신의 업적을 자랑하는 사람에게 업적은 존재하지 않고
스스로 자만하는 사람은 최고가 될 수 없다.
이런 행동은 도의 입장에서 음식 찌꺼기 같은 것으로
아무 소용이 없는 행동이다. 세상이 이런 행동을 싫어할 것이다.

- 노자, 《도덕경》, 24장

세상에서 가장 강한 사람은 누구일까? 세상에서 가장 똑똑한 사
람은 누구일까? 하지만 이런 생각을 하기 앞서 인간이 얼마나 작은

존재인지 깨달을 필요가 있다. 아무리 한 시대를 풍미한 강자라고 해도 그의 강함은 100년을 넘기지 못한다. 아무리 똑똑한 사람이라고 한들 세상 모든 것을 통달할 수 없다. 사람이 아무리 많은 지식을 가지고 있다고 해도 그가 가지고 있는 지식은 바닷물 속에 있는 물 한 방울에 지나지 않는다.

벼는 익을수록 고개를 숙인다는 속담이 있다. 자신이 강해질수록 오히려 얼마나 나약한 존재인지 깨닫게 되는 것이다. 그리고 자신이 많은 지혜를 얻어갈수록 얼마나 어리석은 존재인지 깨닫는다. 인류 역사상 가장 지혜로운 사람 중의 한 명이라고 불리는 소크라테스는 이런 말을 했다.

"너 자신을 알라."

소크라테스가 너 자신을 알라는 것은 너의 어리석음을 알아차리라는 뜻이다. 자신이 어리석다는 것을 진심으로 깨달은 사람이 사실은 가장 지혜로운 사람이다. 많은 사람이 자기가 보고 이해한 세상이 진리라고 굳게 믿고 있다. 현실을 살아가는 동안 그런 현상이 일어나는 것은 어쩔 수 없다. 하지만 자기 내면의 잠재의식이 만든 세상을 이 세상의 전부라고 믿는 순간 수많은 오류 속에서 살아간다. 그리고 그 오류를 수정할 수 있는 방법도 찾지 못할 것이다. 지금 자신이 보고 있는 세상이 전부가 아니라는 사실을 받아들이는 겸손함이 필요한 이유다.

사람들은 모두 자기 나름대로 세상을 보는 시각이 있다. 그리고 자신이 굳게 믿고 있는 믿음 체계가 존재한다. 세상 보는 시각을 바꾸고 자신의 믿음을 무너뜨리는 것은 대단한 각오를 필요로 한다. 믿음을 바꾼다는 것은 자신의 삶을 송두리째 바꾼다는 의미이기 때문이다. 자신의 삶이 대단히 만족스럽다면 믿음의 체계를 꼭 바꾸려고 할 필요는 없다. 하지만 언제나 자신이 옳다는 생각은 버려야 한다.

우리가 바라보는 세상은 철저히 우리들의 좁은 시야 안에 갇혀 있다. 인간이란 존재는 끝없이 넓은 세상을 한 눈에 보며 이해하기가 불가능하기 때문이다. 오죽했으면 역사상 가장 지혜로운 사람 중 한 명이라는 사람이 얻은 깨달음이 '나는 아무것도 모르는구나'였겠는가. 하지만 자신이 무지하다는 사실을 받아들이면 삶이 더 빠른 속도로 나아질 것이다. 그리고 세상을 보는 눈이 더 넓어질 것이다. 자신이 옳다는 믿음은 자신만의 세상에 갇히게 만든다.

그렇게 눈 뜬 봉사가 되기 쉽다. 하지만 자기가 틀릴 수도 있다는 생각은 다른 사람의 세상을 내 것으로 만들 수 있게 해준다. 겸손한 사람만이 자신에게 이로운 믿음을 받아들일 수 있다. 그리고 자신의 삶에 부정적인 영향을 미쳤던 믿음을 무너뜨릴 수 있다. 내 생각이 잘못됐을 수도 있다는 믿음을 갖기가 쉽지만은 않다. 자존심이 상할 수도 있고 패배한 것 같은 생각이 들 수도 있다. 하지만 확실한 것은 자만하는 태도를 유지하면 자존심 상할 일이 더 많이 생겨날 것이다. 성장할 수 없기 때문이다.

무시당하지 않으려는 태도가 더 큰 무시를 당하게 만든다. 패배

하지 않으려는 마음이 더 큰 패배를 불러일으킨다. 자만하는 사람은 잘못된 잠재의식을 가지고 있다. 자신의 자존심을 반드시 지켜내야 한다는 생각이다. 하지만 오히려 그것은 자존심을 잃어버리게 만든다. 자만하는 사람의 생각은 그의 자존심이 다른 사람이나 특정 상황에 의해서 쉽게 무너져내릴 거라는 믿음에서 나오기 때문이다. 자신의 자존심은 어느 누구도 망가뜨릴 수 없다고 믿는 사람은 오히려 쉽게 그것을 내려놓을 수 있다. 그리고 패배가 자신을 망가뜨릴 수 없다고 믿는 사람은 패배를 쉽게 인정할 수 있다.

"당신에게 보이는 것만이 현실 세계이며 당신에게 보이지 않는 것은 모두 현실이 아니라고 믿을지도 모른다. 그러나 당신이 어떤 사물을 볼 때 보이는 색깔을 모두 흡수하고 자기 색깔이 아닌 것을 반사하는데, 바로 이 자기 색깔이 아닌 색이 우리 눈에 보이는 색이다. 그러므로 파란색을 '제외한' 다른 모든 색이 실제로 하늘의 색깔이다!
당신이 들을 수 있는 주파수 범위를 벗어나기 때문에 당신에게 들리지 않는 소리가 많지만 이 소리들은 모두 실재한다. 자외선이나 적외선은 당신 눈이 볼 수 있는 주파수 범위를 넘어서기 때문에 당신에게 보이지 않지만, 이 광선은 실재한다. 알려진 모든 빛의 주파수가 에베레스트산 정도의 규모라고 한다면 당신이 볼 수 있는 범위는 고작해야 골프공보다도 작다!"

론다 번은 자신의 저서 《The Power》에서 인간의 한계를 꼬집는다. 인간이 아무리 노력해서 많은 지혜를 쌓아도 겨우 세상의 조그마한 파편을 이해할 뿐이다. 하지만 겸손한 태도를 유지한다면 다른 사람이 이해한 다른 파편을 내 것으로 만들 수 있다. 자기와 믿음과 생각이 다른 사람을 만났다고 해서 서로 옳고 그름을 가리려고 하지 마라. 자신만의 어떤 기준을 만들어서 더 잘난 삶 못난 삶 판단하지도 마라. 무엇이 옳고 무엇이 잘났는지 판단할 수 있는 지혜는 누구에게도 없다.

서로를 존중하면서 더 좋은 믿음을 적극적으로 받아들이는 것이 최선의 선택이다. 우리들은 우리 자신의 세상을 만들어갈 권리는 있지만 다른 사람의 세상에 간섭할 권리는 없다. 다른 사람의 세상은 다른 사람의 것이다. 다른 사람이 어떤 믿음을 가지고 어떤 세상을 만들어가는지 참견하지 말라. 다른 사람의 믿음을 공격하는 것은 그 사람의 인생 전체를 공격하는 것이다. 뿐만 아니라 그것은 자기 자신을 공격하는 행위이다. 세계는 미국의 독립선언과 프랑스의 인권선언 이후 인간의 자연권을 인정하게 되었다. 인간에게는 자유롭게 생각할 자유, 자유롭게 신앙을 가질 자유, 자유롭게 선택할 수 있는 자유가 있다는 의미이다.

모든 사람이 자유롭게 생각하고 그것을 믿고 자신의 삶을 결정할 수 있다. 다른 사람의 삶을 존중했을 때 나의 삶도 존중받을 수 있다. 다른 사람의 믿음을 공격해야 당신의 믿음이 유지된다고 믿는다면 당신의 믿음대로 당신의 믿음 역시 공격받을 것이다. 다른 사람의 모든 생각을 받아들일 필요는 절대 없다. 하지만 그들의 생각을 존중하면서 겸손한 태도를 유지하는 것은 중요하다. 그것은 다른 사람을 위해서가 아닌 나 자신을 위한 길이다. 미야모토 마유미는 이렇게 말한다.

"다른 누군가가 무언가를 좋아한다면 그것을 무시하지 마세요. 많은 사람이 어떤 것에 열중하고 있다면 그것은 다 이유가 있습니다. 그것에 사람을 끌어들이는 무엇인가가 존재한다는 의미입니다. 자기만의 좁은 척도로 판단하는 것은 좋지 않습니다. 새롭고 멋진 다른 어떤 것을 개발시킬 수 없도록 만드니까요. 유연한 사고방식을 가지세요. 그것은 다양한 지식을 가질 수 있도록 해줍니다. 그리고 더 다양한 곳에서 에너지를 얻을 수 있게 될 것입니다."

내가 당연하다고 생각하는 것이 다른 사람에게 당연한 것이 아니다. 나에게 옳은 것이 다른 사람에게도 옳은 것이 아니다. 나의 좁은 시야로 다른 사람의 삶을 판단해서 좋을 것이 아무것도 없다. 온전히 자신에게 집중하고 자신에게 유익한 생각을 받아들여라. 겸손한 마음이 자기 자신에게만 집중하도록 만들어 줄 것이다. 물론 반대의 경우도 마찬가지다. 다른 사람이 당신의 믿음을 선택하도록 내버려두지 마라.

다른 사람은 당신의 삶을 만들어갈 권리가 없다. 우리는 똑같은 인간일 뿐이다. 아무리 공부를 많이 한 박사라고 해도 그의 견해가 항상 옳을 수 없다. 수십 년간 공부에 매진하며 지식을 쌓았다고 해도 세상의 진리에 통달할 수 없다. 당신의 인생에 있어서는 당신의 선택이 언제나 옳다. 다만 겸손한 태도로 다른 사람을 존중하면서 멋진 생각에 문을 열어둘 때 삶은 더 행복해지고 빛나게 될 것이다.

그러므로 당신은 당신의 인생에 발생한 일에 대해 다른 사람을 탓할 이유가 없다. 어떤 일이 발생하든 그것은 당신 책임이다. 좋은 일이 발생해도 그것은 당신의 몫이다. 안 좋은 일이 일어나더라도 원인은 당신 마음속에 있다. 당신의 잘못으로 안 좋은 상황에 직면했다면 겸손하게 자신을 돌아보라. 아무리 생각해도 자신의 잘못이 없다고 느낀다면 그것은 자신의 능력을 과소평가하고 있기 때문일 수 있다.

"사람이 감당할 시험 밖에는 너희가 당한 것이 없나니 오직 하나님은 미쁘사 너희가 감당하지 못할 시험 당함을 허락하지 아니하시고 시험 당할 즈음에 또한 피할 길을 내사 너희로 능히 감당하게 하시느니라" (고린도전서 10:13)

자신의 능력을 과소평가하는 것이 겸손이라고 착각하지 마라. 그것은 교만의 일종이다. 어쩌면 당신의 비극이 당신이 가지고 있는 능력을 최대로 발휘하지 않았기 때문일 수 있다. 당신의 능력을 발휘해서 사건을 미연에 방지할 수 있었을 수 있다. 하지만 자신의 힘을 적절히 사용하지 못해 그 대가를 치른 것이다. 수천 년 전부터 신

은 인간에게 이겨내지 못할 상황을 안겨주지 않는다는 믿음이 존재
했다. 이것은 오랜 세월을 거치면서 검증된 매우 좋은 믿음이다. 당
신의 눈앞에 이길 수 없는 환난이 닥쳐온다고 하더라도 겸손한 태도
를 유지해라. 당신이 그 상황에 처해 있다는 것은 당신이 그 상황을
헤쳐 나올 힘도 같이 존재한다는 증거이다.

남을 칭찬하면
내가 인정받았다는
믿음이 생기고
현실이 달라진다

> "만약 당신이 원하는 어떤 자질을 갖춘 사람을 만나게 된다면
> 그 사람의 자질을 사랑하세요. 당신은 그 자질을 볼 때마다
> 기분이 좋아야 합니다. 그러면 그 자질은 당신에게 찾아올 거예요.
> 지혜롭고 아름답고 다재다능한 사람을 본다면
> 그 사람의 재능을 사랑하세요. 그것은 당신을 위한 길입니다.
> 당신이 그 사람이 가진 자질을 선택하고 있는 것이니까요."
>
> - 론다 번

칭찬하는 성품은 다른 사람의 재능을 쉽게 자신의 것으로 만들 수 있게 해준다. 다른 사람의 어떤 긍정적인 부분이 당신을 기분 좋게 만든다면 당신은 그것을 갖게 될 것이다. 사람은 자신이 좋아하는 것을 빠르게 흡수하기 때문이다. 반대로 다른 사람의 재능을 보고 질투하는 사람은 그 재능을 가질 수 없다. 잠재의식 속에서 그 재능을 절대로 가질 수 없다고 믿을 때 질투가 나기 때문이다. 그 재능을 이미 가지고 있는 사람은 질투를 느끼지 않는다. 우리가 다른 사람의 긍정적인 부분을 보면서 그것을 진심으로 칭찬할 수 있는 성품을 가꾼다면 우리는 더 재능이 넘치는 사람이 될 수 있다.

"누군가 어떤 것에 성공했다면 그것을 말하고 싶어서 입이 들썩거릴 것입니다. 이것은 누구에게나 마찬가지예요. 성공한 이야기는 듣는 사람도 즐겁게 들을 수 있지만 말하는 사람도 재밌거든요. 다른 사람에게 성공할 수 있는 방법을 알려주는 건데 얼마나 고마워요. 하지만 우리 환경은 성공한 사람이 쉽게 입을 열지 못하게 하는 부분이 있어요. 그런데 성공한 사람의 비법을 듣는 것은 굉장히 쉽습니다. 그 사람을 칭찬하면 됩니다. 그럼 기다렸다는 듯이 성공비법을 알려줄 거예요."

사이토 히토리는 칭찬의 중요성을 이렇게 설명한다. 칭찬을 하는 데는 어떤 비용도 들지 않는다. 하지만 칭찬을 한 대가로 엄청난 것들을 얻을 수 있다. 억만금을 주어도 얻을 수 없는 누군가의 성공 비법을 칭찬 하나로 얻을 수 있는 것이다. 당신이 다른 사람의 재능을 보고 그것을 얻을 수 있을지 의구심이 들 수 있다. 하지만 당신이 그 사람의 재능을 볼 수 있다는 것 자체가 그 재능을 얻을 수 있는 가능성을 가지고 있다는 것이다. 천재는 천재가 알아보는 법이다. 재능이 없는 사람은 다른 사람의 재능을 볼 수 없다.

20세기 초반에 축구계를 충격에 빠뜨렸던 선수가 있었다. 그의 이름은 호나우지뉴다. 그는 압도적인 축구 실력으로 외계인이라는 별명을 얻었다. 그는 자신이 뛰던 클럽인 바르셀로나가 6년 만에 리그 우승컵을 들어 올리는 데 큰 공을 세웠다. 뿐만 아니라 세계 최고의 축구 클럽을 가리는 대회인 챔피언스리그 우승컵을 팀에 안겨다 주었다. 자신이 뛰는 클럽을 세계 최고의 클럽으로 만들어준 것이다. 그리고 매 경기마다 그가 보여주는 퍼포먼스는 사람들의 넋을 놓게 만들었다. 심지어는 상대팀 팬들에게 기립박수를 받는 상황도 연출되었다. 결국 그는 2005년에 세계 최고의 축구선수에게 수여하는 발롱도르마저 수상한다.

그런 그가 어느 날 자신의 클럽 1군으로 이제 막 올라온 16살의 어린 선수를 보게 되었다. 호나우지뉴는 키도 조그마한 어린 선수를 보며 완전히 매료되어버렸다. 그는 그 어린 선수가 가지고 있던 엄청난 재능을 본 것이다. 그는 그 선수를 본 이후 주변 선수들에게 자신을 뛰어넘을 사람을 만났다며 이야기하고 다녔다. 호나우지뉴가 말한 선수가 16살의 어린 아이라는 것을 알고 주변 사람들은 웃고 말았다. 그리고 그 어린 선수를 만난 이후의 인터뷰에서 자기보다 더 축구를 잘 하게 될 선수를 봤다고 이야기했다. 그곳에 있던 기자는 매우 황당해했다.

호나우지뉴는 그와 긴밀한 관계를 유지하고 있는 코비 브라이언트를 만날 때 그 어린 선수를 데려갔다. 코비 브라이언트에게 세계 최고가 될 선수라고 소개하자 코비 브라이언트는 어이없어 했다. 그런데 그 어린 선수는 점점 두각을 나타내기 시작했다. 그의 성장 속도는 말로 표현할 수도 없었다. 팀의 에이스였던 호나우지뉴가 팀을 떠나게 되었지만, 바르셀로나는 이전보다 더 막강해졌다. 그 어린 선수가 호나우지뉴를 뛰어넘은 것이다. 그 어린 선수의 이름은 리오넬 메시이다. 그의 활약이 너무 뛰어나서 호나우지뉴라는 이름은 거의 잊혀버렸다.

메시는 발롱도르를 6차례나 수상하며 축구 역사상 가장 위대한 선수로 성장했다. 호나우지뉴는 메시를 보며 자신을 뛰어넘을 것이라 좋아했다. 그의 이런 성품은 오히려 그가 천재가 될 수밖에 없었던 이유를 알려준다. 그는 재능을 사랑했다. 또 그가 천재였기 때문에 천재적인 재능을 볼 수 있었던 것이다. 사람은 자신이 볼 수 있는 것만 얻을 수 있다. 그리고 자신이 볼 수 있는 것은 얻을 수 있다.

어떤 사람의 재능이 당신의 눈에 들어왔다면 그것은 당신에게 그 재능이 필요하기 때문일 것이다. 당신은 볼 수 있는 그 사람의 재능을 모두가 알아볼 수 있는 것은 아니다. 축구계의 또 하나의 천재인 올리버 칸은 다양한 분야의 사람에게서 찬사를 받았다. 그는 골키퍼로 강력한 영향력을 내뿜었다. 수많은 경기를 승리로 이끌면서 그의 차원이 다른 선방능력을 전 세계에 각인시켰다.

"그는 진짜 쿨한 골키퍼예요. 게임 할 때나 게임이 끝난 다음 인터뷰 할 때 말을 진짜 잘하는 것 같아요."

- 파비안 함뷔헨, 체조 세계 챔피언

"올리퍼 칸은 운동선수 이전에 뛰어난 인간입니다. 2002년 월드컵의 MVP이기도 하고요. 2002년 월드컵은 올리버 칸을 떼어놓고는 설명할 수 없는 대회였죠. 그는 어려운 상황에 처해 있어도 항상 확신에 차 있어요. 팀 전체에 결정적인 영향을 미쳤죠."

- 테오 츠반치거, 전 독일축구협회장

"저는 올리버 칸의 팬이에요. 제가 봐왔던 골키퍼 중에서 그가 최고죠. 2002년 월드컵에서 본 그의 쿨한 경기방식은 잊을 수가 없죠. 그의 경기는 저에게 큰 영감이 돼요. 저는 그의 실력, 동기부여 그리고 그의 전체적으로 보여주는 활약에서 많은 것을 배웠어요. 그가 주는 영감을 저의 음악에 적용하곤 하죠."

- 랑랑, 피아니스트

올리버 칸이라는 같은 사람을 보고 세 사람이 각자 다른 장점을 보았다. 파비안 함뷔헨은 그의 쿨한 성격과 인터뷰할 때 그의 언행에 인상 깊어했다. 테오 츠반치거는 그가 팀에 미치는 긍정적인 영향을 높이 샀고, 랑랑은 그가 경기하는 방식과 뛰어난 실력에 더 큰 영감을 얻었다. 각자 자신이 원하고 필요로 하는 성품을 본 것이다. 우리도 마찬가지다. 만약 우리 눈에 어떤 사람의 자질이 들어온다면 그것은 우리에게 필요한 자질이다. 그리고 우리는 그 자질을 자신의 것으로 만들 수 있다. 그 자질을 사랑하며 칭찬하는 것은 그 자질을 갖기 더 쉽게 만들어 줄 것이다.

우리가 어떤 재능을 활용하는 데 꼭 그 재능을 체득할 필요는 없다. 그 재능을 가진 사람이 우리를 위해서 일하게 되면 우리는 그 재능을 가진 것과 같다. 칭찬은 어떤 방법이건 우리가 인정하고 있는 재능을 활용하게 해준다. 어떤 천재적인 생각을 하는 사람을 만나서 당신이 그 재능을 좋아한다면 어떤 방법으로든지 그 재능을 활용할 수 있게 된다. 당신이 그 천재적인 생각을 할 수 있는 능력을 가질 수도 있다. 그것이 아니라면 그 천재적인 생각을 가진 사람들이 당신을 위해서 일하게 될 것이다.

"선비는 자신을 알아주는 사람을 위해 목숨을 바친다"라는 고사성어가 있다. 사람은 누구든지 자신을 인정해주는 사람을 위해 일하기 마련이다. 유비는 제갈량이라는 인재를 얻기 위해 세 번이나 그를 방문해 극진해 대접했다. 유비에게 제갈량은 스무 살이나 어린 이십대 중반의 청년에 불과했다. 하지만 유비는 제갈량의 재능을 알아봤고 그의 재능을 좋아했다. 결국 제갈량은 자신의 지략을 유비를 위해서 사용하며 유비를 촉나라 황제로 만드는 데 혁혁한 공을 세운다.

"저는 그저 밭을 갈던 사람이었습니다. 혼란스러운 세상을 피해 목숨을 건지려고만 했을 뿐 제후에게 나가 세상에서 명성을 얻고 영광을 누릴 생각은 없었습니다. 그런데 선황제께서는 제 신분을 하찮게 여기지 않으시고 귀한 몸을 낮추어 세 번이나 저의 오두막집을 찾아오셨습니다. 그리고 눈앞에 닥친 세상일에 대해 저의 자문을 구하셨습니다. 이에 저는 감격했고 선황제를 위해 목숨을 바치기로 결심했습니다."

- 제갈량, <출사표>

다른 사람을 조종할 마음으로 하는 칭찬은 아무런 효과가 없을 것이다. 칭찬은 남에게 하는 것이 아니라 자기 자신에게 하는 것이기 때문이다. 당신이 원하는 재능을 이미 가지고 있다고 선포하는 것이 칭찬이다. 예술에 대해 아무것도 모르는 사람은 예술 작품을 보며 그 가치를 알지 못한다. 마찬가지로 당신의 눈에 들어오는 재능이라면 당신은 그것을 받아들일 준비가 되어 있다는 것이다. 마음껏 칭찬하라. 그것은 당신을 다재다능하게 만들어줄 것이다.

다이어트,
애정결핍과 불안감이
없어지면 날씬해진다

"육체는 우리가 하는 생각을 읽고 그대로 변한다."

- 살틴 교수

　먹을 것이 풍요로워지면서 비대해지는 몸 때문에 걱정이 생기는 사람이 많아졌다. 살이 찌는 것이 단순히 안 좋은 음식을 많이 먹기 때문이라고 생각하는 경우가 많다. 그래서 먹을 것을 줄이면서 몸을 많이 움직여서 살을 빼려고 한다. 하지만 이렇게 단순해 보이는 방법을 실천하기가 쉽지 않다. 먹을 것을 줄이기도 힘들고 움직이기도 힘들다. 적게 먹고 많이 움직였다고 생각했는데 체중계는 그대로다. 살을 빼고 싶다면 빼기 전에 생각해봐야 할 것이 몇 가지 있다. 왜 자신이 계속 먹게 되는지, 왜 움직이기 힘들어졌는지 고민해봐야 한다.

사람이 비정상적으로 비대해지는 것은 사실 정상적인 현상이 아니다. 우리 신체는 비정상적으로 많은 음식이 들어오면 거부 반응을 일으킨다. 배가 부르다는 느낌이 그런 것이다. 또한 아무리 맛있는 것이라도 계속 먹으면 질리기 마련이다. 그런데 자꾸 비대해지는 것은 그런 불편함을 넘어서 계속 먹는다는 것이다. 움직이지 않는 것도 마찬가지다. 사람뿐만 아니라 살아있는 모든 생명체는 매 순간 에너지를 발산한다. 아무것도 하지 않으면 몸이 근질거려서 견딜 수가 없다. 공감이 안 간다면 한 달 동안 절대 움직이지 말고 있어보라. 움직이지 않는 것이 얼마나 큰 고통인지 느끼게 될 것이다.

물론 너무 지쳐서 며칠 아무것도 안 하는 것은 정상적으로 휴식을 취하는 것이다. 하지만 힘이 하나도 없이 제대로 움직이지 않는 상태가 몇 달이 되었다면 그것은 정상적이지 않다. 몸에 병이 있거나 마음에 병이 있기 때문에 그런 것이다. 결국 우리가 마음을 건강하게만 유지하면 의식하지 않아도 정상적인 체중이 유지된다. 몸이 안 좋아지는 것은 결국 우리들의 마음속에 있는 안 좋은 생각 때문이다. 다이어트가 힘든 것은 다른 이유가 아니다. 우리는 우리들이 가진 생각을 거슬러서 행동할 수 없기 때문이다. 생각을 바꾸면 몸의 변화는 자연스레 따라온다.

비만에 걸린 사람들이 보편적으로 가지고 있는 부정적인 감정이 있다. 그것은 불안함과 애정 결핍이다. 자신에게 부족한 무언가를 음식으로 계속 채우려고 하는 것이다. 그리고 이 두 감정 모두 사람들의 에너지를 고갈시킨다. 사람은 자신감과 사랑이 넘칠 때 활기차게 움직일 수 있다. 하지만 불안함과 애정 결핍은 이 두 가지가 존재하지 않는 상태이다.

"비만은 항상 '보호'를 뜻해요. 사람들은 불안해지거나 두려움에 휩싸이면 자신을 보호하려고 하게 됩니다. 그래서 비만인 사람들이 자기 자신에게 자주 화를 내고 음식을 먹으면 죄책감에 시달리죠. 하지만 음식과 몸무게는 사이에 아무런 연관성이 없습니다. 원인을 해결하지 못하면 아무리 노력해도 비만을 해결할 수 없을 거예요. 당신이 뚱뚱해지는 것을 느끼기 시작했다면 먼저 체중계부터 저 멀리 치워버리세요. 그리고 "누군가 날 돌봐줘야 해" "나 지금 진짜 불안해"라는 말을 하는 것부터 멈춰야 합니다. 더 이상 불안해 떨지 않고 마음 편하게 지내면 비만은 해결될 거예요."

루이스 헤이는 수많은 상담을 걸친 결과 비만이 불안함이나 두려움과 관련이 깊다는 것을 알아냈다. 자신을 보호하고 싶을 때 체중을 불리려고 한다는 것이다. 갑자기 살이 찌고 있다면 내면에 불안함이나 두려움이 존재하지는 않는지 점검해보라. 불안함과 두려움을 없애지 않고는 다이어트를 하기 힘들다. 불안함과 두려움은 사람을 무기력하게 만들기 때문이다. 불안함과 두려움 외에도 애정결핍이 살을 찌우는 경우가 많다. 루이스 헤이는 비만 때문에 힘들어하는 많은 사람들이 사실 애정결핍으로 힘들어 하고 있다는 것을 발견했다.

그녀가 상담했던 사람 중에 가족들이 남긴 음식을 먹어 치울 때만 사랑과 관심을 받아온 경우도 있었다. 음식을 먹어야 사랑받는다고 믿어서 계속 먹을 수밖에 없었던 것이다. 비만인 사람들은 자신이 뚱뚱하기 때문에 싫어한다고 말했지만 루이스 헤이는 그 반대라는 것을 알았다. 생각이 우리들의 몸을 변화시키는 것이지 몸이 우리들의 생각을 변화시키지 않기 때문이다. 그들은 자기 자신을 싫어하기 때문에 살이 찐 것이다.

"자기 자신을 사랑하고 받아들이세요. 안정한 공간에 있으면서 편안함을 느끼고 자기 자신을 믿을 수 있다면 체중은 정상적으로 돌아올 것입니다."

잉글랜드 출신 배우인 케이트 윈슬렛은 어린 시절 비만이었다. 수줍음도 많고 상처도 쉽게 많는 아이라서 괴롭힘도 많이 당했다. 그녀는 친구들이 괴롭힐 때마다 울음을 터뜨리는 것 외에는 아무것도 하지 못했다. 하지만 그녀가 살이 빠지게 된 계기가 있었다. 첫사랑을 만나게 된 것이다. 그의 남자친구는 그녀에게 사랑을 주고 보호감을 느끼도록 만들어주었다. 그렇게 그녀는 남자친구가 생긴 이후 살이 계속 빠져 정상 체중으로 돌아오게 되었다. 그녀는 인터뷰에서 첫사랑에 대해 이렇게 이야기한다.

"스티브와 함께 있으면 전 항상 안전하다는 느낌을 받았어요. 제가 언제나 보호받고 있다는 느낌이 들 수 있도록 절 감싸주었습니다."

케이트 윈슬렛은 애정 결핍과 불안감을 동시에 느끼고 있었다. 그리고 이것이 비만이라는 형태로 외부에 드러난 것이다. 친구들이 자신을 싫어했고 자기 자신도 자신을 좋아하지 않게 되었다. 왕따를 당해 괴롭힘을 당하는 상태에서 만성 불안감을 느끼는 것은 당연한 수순이었다. 하지만 남자친구가 아낌없는 사랑을 주자 마침내 자기 자신을 사랑할 수 있게 되었다. 그리고 남자친구가 그녀를 보호해주자 항상 편안한 상태에 머무를 수 있었다. 그 이후 살은 자연스럽게 빠지게 되었다.

살이 찌는 것이 나쁜 것은 아니다. 하지만 자신을 사랑하지 못하는 사람은 나쁘다. 사람들은 뚱뚱하다고 사람을 싫어하지 않는다. 하지만 자신을 싫어하는 사람은 다른 사람들도 본능적으로 싫어한다. 만약 당신의 살이 비정상적으로 찌고 있어 고민이라면 빼려는 노력을 일단 멈춰라. 어떤 것이든 자연스럽게 이루어지도록 만들어야 한다. 살을 빼는 것도 마찬가지다. 적당히 먹고 적당히 움직이는 현상이 자연스럽게 이뤄져야 한다. 당신의 마음이 건강한 상황이라면 이것은 자연스럽게 이루어진다. 살이 찐다면 먼저 당신의 머릿속에 해로운 생각이 없는지 점검해보라. 당신의 잠재의식 속에 안 좋은 믿음을 심어 놓지는 않았는지 확인해보라.

살이 찌는 것은 괜찮다. 뚱뚱해져도 문제없다. 하지만 당신의 안 좋은 생각으로 몸과 마음을 해치는 것은 하나도 안 괜찮다. 이제부터 살이 비정상적으로 찌기 시작한다면 그냥 감사하면 된다. 그것은 당신 안에 있는 비정상적인 생각이 외부로 드러난 것에 불과하기 때문이다. 의식하지 못하고 있었던 부정적인 생각을 뽑아내고 긍정적인 마음으로 가득 채워라. 몸이 다시 정상으로 돌아올 뿐만 아니라 살이 찌기 이전보다 훨씬 더 행복한 삶을 살아가게 될 것이다.

내가 건강하다는 믿음을 가지면 건강해질 수 있다

많은 사람이 건강해지는 비결을 외부에서 찾으려고 한다. 몸이 안 좋아지면 몸에 좋다는 것을 닥치는 대로 먹는다. 건강해지는 어떤 방법을 TV에서 소개하면 다들 그것을 따라 하기 급급하다. 하지만 육체의 건강은 마음의 건강 상태를 반영한다. 건강은 무엇을 먹느냐에 달려 있는 것이 아니다. 우리의 마음속에 무엇이 들어 있느냐에 달렸다. 나이가 들고 몸이 망가지기 시작하면 건강이 나빠지는 이유를 찾는다. 술과 담배가 몸을 망가뜨렸다고 믿고 이것들을 끊어 버리려고 한다. 하지만 잘 끊어지지도 않고 이것들을 끊어낸다고 하더라도 몸이 나빠지는 것을 멈추지 못한다. 단지 나빠지는 속도를 지연시킬 뿐이다.

술이든 담배든 또 몸에 해롭다는 어떤 것이든 우리들의 몸을 해칠 수가 없다. 생각해보면 몸에 안 좋은 것을 몸에 집어넣은 것은 자기 자신이었다는 사실을 알 수 있다. 이미 망가져 있는 사람이 해로운 것들을 찾는다. 그렇게 자신의 마음 상태와 똑같은 상태를 육체에 재현해낸다. 건강이 안 좋아져 있다면 자신이 어떤 상태에 있었는지 먼저 알아봐야 한다. 어떤 생각을 하면서 어떤 믿음을 가지고 있는지 알아야 한다. 그리고 자신의 삶을 망가뜨리고 있는 생각들을 버려야 한다. 건강한 생각을 하기 시작한다면 몸이 건강해지는 것은 시간문제이다. 분자 생물학자이자 스탠포드대학에서 강사로 있었던 브루스 립튼은 이렇게 말했다.

"95%의 질병이 스트레스에서 비롯됩니다. 그리고 스트레스의 100%는 잘못된 믿음에서 나옵니다."

잠재의식은 우리가 하고 있는 생각이 좋은 것인지 나쁜 것인지 신경 쓰지 않는다. 그것이 무엇이든 현실로 이루어줄 뿐이다. 당신이 매일 부정적인 감정 상태에 있었다고 해보자. 아침에 눈을 뜨면 기분이 안 좋다. 일하러 가기 싫다. 일을 하면서도 마찬가지다. 이제 이런 짓은 그만하고 싶다. 빨리 집에나 갔으면 좋겠다. 모처럼 쉬는 날에도 상사가 전화해 잔소리를 늘어놓는다. 죽고 싶은 기분이 든다. 지금 너무 자유롭지 못하고 할 수 있는 것이 아무것도 없다고 생각한다. 그럼 잠재의식은 당신의 생각대로 움직인다. 육체는 점점 자유롭지 못하고 원하는 대로 움직여지지 않는다.

그리고 잠재의식은 당신이 원하는 대로 일을 그만하도록 도와줄 것이다. 몸이 아파서 일을 그만하게 될 것이고 죽음과 더 가까워지게 도와줄 것이다. 영국의 런던 대학에서는 공무원들을 대상으로 건강을 조사했다. 그 조사를 실시한 마멋 교수는 놀라운 사실을 발견했다. 봉급이 낮은 사람 중에서 심혈관 질환에 걸려 죽은 사람이 봉급이 높은 사람보다 세 배나 더 많았던 것이다. 마멋 교수는 돈이 건강과 관련이 있다고 생각했지만 다른 요인을 알아보기 위해 다시 한 번 조사했다. 돈에 관련된 요인을 모두 배제한 뒤 다시 조사에 임했다. 하지만 결과는 아무것도 변하지 않았다. 건강과 돈은 아무런 관련이 없었던 것이다.

그래서 이번엔 보수가 적은 사람과 많은 사람의 차이를 조사하기 시작했다. 조사 결과 마멋 교수는 두 그룹 사이에 가장 큰 차이는 생각의 차이라는 것을 발견했다. 봉급이 낮은 사람은 항상 '나는 자유롭지 않다. 상사에게 구속당하고 있다'라고 생각하고 있었다. 반면 봉급이 높은 사람은 '뭐든 내 마음대로 할 수 있어. 나는 자유로워'라는 생각을 가지고 있었다. 봉급이 낮은 사람들이 구속당하고 있고 자유롭지 못하다고 생각할 때마다 몸속의 혈류도 구속당한다는 것을 확인했다. 자신의 생각대로 피 역시 자유롭게 흐르지 못하는 것이다. 이로 인해 봉급이 낮은 사람은 심혈관 질환이 많이 생겼다.

반대로 봉급이 높은 사람은 자신이 자유롭다는 생각을 할 때마다 혈액이 온몸에 자유롭게 흘렀다. 자신의 생각대로 육체가 반응한 것이다. 늙어서 약해지는 것은 어쩔 수 없다고 믿는 사람이 많다. 하지만 그것 역시 믿음의 차이다. 주변의 대부분의 사람이 나이가 들면서 약해지는 것을 택하는 것뿐이다.

인생의 목표가 분명해서 강해져야만 하는 사람은 죽는 순간까지 약해지지 않는다. 인류 역사를 보면 늙은 이후에도 역사의 한 획을 그을 만큼 강한 힘을 발휘한 사람이 셀 수 없이 많다. 나이가 들어서도 건강한 생각을 유지할 수 있다면 육체적 건강 역시 문제없다. 조셉 머피는 이런 말을 했다.

"사람의 몸이 11개월마다 완전히 바뀐다는 것을 과학이 밝혀냈습니다. 결국 당신은 태어난 지 11개월 되었다고 믿어도 좋습니다. 두려움, 분노, 증오 같이 부정적인 생각을 해서 육체를 병들게 만든다면 그것은 온전히 당신의 책임입니다."

우리의 몸은 11개월 동안 우리들의 상태를 반영하고 있다고 생각하면 된다. 안 좋은 생각을 품고 있으면 몸이 완전히 망가지는 데 11개월이면 충분하다. 하지만 희망적인 부분도 있다. 당신의 나이가 어떻든 과거에 어떤 삶을 살았든 건강해지는 것 역시 11개월이면 충분하다.

1994년 12월 29일, 대한민국에 이진영이라는 사람이 기네스북에 오르게 되었다. 그는 턱걸이를 가장 많이 한 것으로 세계를 놀라게 했다. 그는 무려 612회의 턱걸이를 했다. 더 놀라운 점은 그 당시 그의 나이가 70살이었다는 것이다. 이전의 기록은 120회였다. 그런데 그 120회 역시 59세의 이진영이 세운 것이었다. 나이를 먹을수록 점점 더 강해져 왔던 것이다.

모든 것은 생각하기 나름이다. 그리고 당신이 살고 있는 현실은 당신의 믿음의 결과이다. 어쩔 수 없는 것은 없다. 어떤 것이든 어쩔 수 있다. 단지 당신의 믿음과 반대되는 세상에서 살 수 없을 뿐이다. 늙음을 거스를 수 없다는 믿음을 바꾸기 힘들다면 그것을 바꾸려고 노력할 필요는 없다. 대신 젊은 시절을 상상하라. 자신이 젊고 힘이 넘쳤을 때 어떤 생각을 했는지 기억해 보라. 당신의 생각과 느낌을 젊은 시절처럼 만든다면 곧 육체도 그렇게 변한다.

영국 BBC에서 〈The Young Ones〉라는 프로그램을 방영한 적 있다. 이 프로그램은 하버드 대학의 랭거 교수가 했던 실험을 기반으로 했다. 랭거 교수의 실험을 통해 75세의 노인들의 신체가 변화를 겪었다는 것을 알고 이것을 BBC에서도 실험해보기로 한 것이다. BBC는 예전 인기 스타들을 모았다. 최소 20~30년 전에 활약했던 사람들이었다. 모두가 세월의 힘을 피해갈 수는 없었다. 그곳에 출연한 한 여배우는 뇌졸중으로 인해 휠체어 신세를 지고 있었다. 늙은 남자 연예인은 거동을 제대로 하지 못했고 과거 유명했던 앵커는 지팡이를 지고 다녀야 했다.

제작진은 먼저 노인들의 주변 환경을 옛날과 똑같이 만들었다. 모든 소품까지 그때의 것으로 활용했다. 그리고 노인들에게 특별한 주문을 했다. 20~30년 전 기억을 더듬어서 그때와 똑같이 행동하라고 일러두었다. 노인들은 그곳에서 계속 옛날과 똑같이 생각하고 똑같이 말해야 했다. 일주일이 지나고 실험이 끝났다. 그러자 그 노인들의 신체도 예전과 비슷하게 변해버렸다. 휠체어를 타던 80세 여배우는 당당히 걸어서 나왔다. 몸을 움직이기 힘들어하던 연예인은 탭댄스를 췄다. 지팡이에 의존하던 앵커 역시 지팡이를 버리고 계단을 올라갔다. 영국의 왕년 유명인들이 생각을 바꾸자 신체도 바뀐 것이다.

사람은 눈에 보이는 것에 현혹되기 쉽다. 몸이 안 좋아지는 것은 눈에 보이지만 마음이 죽어가는 것은 보기 힘들다. 주변 사람들이 늙고 병들어가는 것을 지켜보면서 건강한 믿음을 가지기는 쉽지 않다. 그래서인지 문제를 해결할 때도 눈에 보이는 것을 이용해 해결하려고 한다. 하지만 눈에 보이는 모든 것은 보이지 않는 것으로 비롯되었다. 보이지 않는 부분을 먼저 고치지 않는 이상 눈에 보이는 것들은 변하지 않는다. 설령 일시적으로 문제를 해결했다고 하더라도 그것은 그저 미봉책일 뿐이다. 같은 문제가 계속 반복되어 나타날 것이다.

몸이 병들고 아픈 것을 보면서 겁 먹을 필요는 없다. 다 고칠 수 있다. 하지만 생각이 병들어가는 것을 알아차리면 두려움을 느껴야 한다. 천천히 그리고 의식도 못하는 사이에 모든 것이 망가져갈 것이다. 만약 지금 몸이 안 좋아져 버렸다면 그 상황을 기회로 삼을 수 있길 바란다. 자기 자신에 대해 더 생각하는 시간을 가져보라. 어떤 생각이 들어 있는지 탐구해보라. 더 건강한 생각으로 자기 자신을 채워나간다면 날마다 몸도 마음도 반드시 더 건강해질 수 있다.

STEP 6

성공적인 인생을 위해 반드시 믿어라

나는 세상에서 가장 존귀하고 가치 있는 존재라고 믿으면 행복해진다

세상의 어느 누구도 다른 사람에게 특정 믿음을 강요할 수 없다. 도덕적으로 안 된다는 말이 아니다. 당사자의 동의 없이 강제로 믿음을 갖게 만드는 것 자체가 불가능하다. 단순히 "저도 그렇게 믿어요"라고 이야기한다고 해서 믿어지는 게 아니기 때문이다. 그리고 자신이 믿는 것을 "전 그것을 믿지 않아요."라고 이야기한다고 해서 안 믿어지는 게 아니다. 인간은 믿음으로 자신의 인생을 만든다. 그리고 그 믿음을 강제로 바꿀 수 있는 존재는 없다. 단지 다른 사람이 할 수 있는 것은 특정한 생각을 믿도록 유도하는 것까지다.

그러므로 이 사실을 깨달은 사람들은 다른 사람이 믿도록 유도하는 것에 쉽게 넘어가지 않고 주체적으로 믿음을 선택할 수 있게 된다. 믿음을 선택하는 것은 자유지만 이왕이면 행복하고 더 성공적으로 삶을 이끌어주는 믿음을 선택하는 것이 좋을 것이다. 고대에서부터 지금까지 긍정적인 것으로 검증되어온 믿음이 있다. '나는 세상에서 가장 존귀하고 가치 있는 존재'라는 믿음이다. 이 믿음은 삶을 더 값지게 만들어줄 것이다. 뿐만 아니라 이 믿음을 받아들이는 순간 다른 좋은 생각들이 같이 따라올 것이다.

자기 자신이 최고로 존귀하다고 생각하면 이기심으로 번지지 않을까 우려할 수도 있다. 하지만 그런 걱정은 자신이 가장 존귀하다는 믿음이 없기 때문에 생기는 것이다. 이미 존귀한 사람은 그 사람을 존귀하게 만들기 위해 다른 누군가를 필요로 하지 않는다. 이기심은 다른 사람을 희생시켜서 자신을 존귀하게 되려는 시도이다. 이기심은 결국 자신이 존귀하지 못하다는 사실을 증명할 뿐이다. 그러므로 존귀하다는 믿음이 없는 사람은 무슨 짓을 해도 존귀해질 수 없다. 반면 존귀한 사람은 자연스럽게 다른 사람을 존귀하게 대할 수밖에 없다.

다른 사람을 가치 있게 대한다고 그 사람이 존귀해지지는 않는다. 하지만 다른 사람을 가치 있게 대하는 것은 자신이 이미 존귀하다는 사실을 알려준다. 존귀한 사람은 자신을 귀하게 만들기 위해서 다른 사람의 희생이 필요하지 않다는 것을 알고 있기 때문이다. 또 자신이 다른 사람을 빛내주더라도 자신의 존귀함이 조금이라도 상하지 않을 것을 안다. 그러므로 자신이 존엄하다는 믿음이 커질수록 되려 더 큰 이타심을 발휘할 수 있게 된다. 그리고 자신이 세상에서 가장 존귀하다는 믿음은 세상이 주는 무한한 자원을 마음껏 누릴 수 있도록 도와준다.

　자신의 가치를 모르는 사람은 세상이 주는 선물을 누리지 못한다. 어떤 행동을 취해야 무언가를 받을 자격이 생긴다고 믿기 때문이다. 그래서 세상이 행복하고 기뻐하라고 우리를 위해 준비해놓은 것을 받지 못한다. 서로 사랑하면서 행복하라고 선물로 받은 사람과의 관계도 엉망으로 만들어놓는다. 부모의 사랑, 친구들과의 우정, 남녀 간의 사랑을 받기 위해서 어떤 대가를 지불해서 받으려고 한다. 또 서로가 어떤 자격이 갖추어지기 전에 사랑을 주지 않으려고 한다. 하지만 자신이 세상에서 가장 가치 있다는 것을 아는 순간 사랑을 주고받는 것을 주저하지 않을 것이다.

　그것은 존귀한 인간이 행복하게 지낼 수 있도록 무료로 받은 선물이기 때문이다. 존귀한 사람은 자신이 조건 없는 사랑을 받을 자격이 있다고 생각하므로 다른 사람의 호의를 기꺼이 받을 것이다. 그리고 인간이 거저 받은 세상의 자원들도 마찬가지다. 자신이 존귀하다고 믿는 사람들은 세상이 주는 무한한 자원을 누릴 방법을 찾는다. 하지만 그렇지 못한 사람들은 극심한 고통의 대가로 그것을 얻어내려고 한다. 결국 자신이 원하는 것을 쉽게 얻는 사람은 갈수록 쉽게 얻게 될 것이다. 그리고 어떤 것을 고생해서 얻는 사람은 더 큰 고생을 얻게 될 것이다.

　론다 번은 자신이 부자가 될 자격이 있다는 생각을 가져야만 부자가 될 수 있다고 경고했다. 물론 자신이 가치 있다는 믿음이 없는 사람은 이런 생각을 갖기 쉽지 않을 것이다. 론다 번은 수업 중에 어떤 학생의 의식을 바꾸는 데 도움을 주고 있었다. 그러던 어느 날 그 학생은 500달러(약 61만 원) 복권에 당첨되었다. 론다 번은 이것을 보고 학생의 의식이 바뀌고 있음을 눈치챘다. 하지만 복권이 당첨된 학생은 자신이 무료로 돈을 받을 자격이 없다고 느꼈다. 그 생각을 도무지 떨쳐내지 못하는 듯했다. 그리고 얼마 지나지 않아 그는 다리가 부러지는 사고를 당하고 말았다. 그리고 그 500달러는 병원비로 나가고 말았다.

존귀하다고 믿는 사람은 고통과 노력의 차이를 알아차린다. 보람을 느끼게 해주고 삶을 더 발전시켜주는 노력은 얼마든지 하려고 할 것이다. 하지만 인간의 존엄성이 망가지면서 느끼는 고통은 절대 거부할 것이다. 네빌 고다드는 오늘날의 교육 시스템이 인간의 존엄성을 해친다고 믿었다. 그래서 정도를 넘어 교육에 헌신하면서 교육 시스템에 희생당하는 것을 경고했다.

"오늘날 교육 시스템은 인간의 상상력을 계발시키지 못합니다. 그냥 머릿속에 지식을 주입시키는 방법으로 오히려 상상력을 죽여버리죠. 오늘날 교육은 엄청난 양의 책을 던져주고는 그것을 다 외우도록 만듭니다. 그런데 그런 지식은 나중에 새로운 지식이 나타나면 전부 버려질 거예요. 교육은 인간의 머리에 무언가를 주입시키는 것이 아닙니다. 인간 안에 들어 있는 지혜를 끌어낼 수 있도록 도와줘야 합니다."

어떤 것이든 당신의 존엄한 가치를 희생해가면서 지키려 한다면 당신은 행복해질 수 없다. 하지만 당신이 가장 존귀한 존재라는 것을 믿기 시작할 때 당신은 당신의 가치를 희생하지 않는 법을 깨달을 것이다. 뿐만 아니라 존귀한 나를 위해 모든 것을 이용할 수 있게 될 것이다.

과거의 사람들은 질서를 만들어 모두가 행복하게 살아갈 수 있는 세상을 꿈꿨다. 그래서 위계질서를 만들고 국가를 세웠다. 그리고 왕이라는 지도자를 세워 지도자가 세운 질서에 따라 모두가 자유롭게 살아갈 수 있도록 만들었다. 그런데 시간이 흐르자 어찌 된 일인지 인간의 존엄성을 훼손하면서 그 질서를 유지하고 있었다. 사람들은 질서를 유지하기 위해서라면 인간은 희생되어야 한다고 믿었다. 그래서 정의롭지 못한 왕과 왕국을 위해 목숨을 버리는 경우가 많이 생겨나기 시작했다. 부정적인 믿음 아래서 사람들은 자유와 행복을 잃어버린 것이다.

하지만 '인간은 세상에서 가장 존귀한 존재'라는 믿음을 가진 사람들은 전혀 다른 생각을 가지고 있었다. 인간의 존엄성을 해치는 질서는 사라져야 한다고 생각했다. 그리고 인간의 존엄성을 지킬 수 있는 새로운 방향으로 질서를 다시 세워야 한다고 주장했다. 이런 믿음을 가진 사람들이 모여 세상을 자신이 원하는 대로 바꿔나가기 시작했다. 그리고 세계의 질서를 바꿔놓은 큰 사건이 터졌다. 미국의 독립혁명과 프랑스 대혁명이 그것이다.

"우리는 다음과 같은 것을 자명한 진리라고 생각한다. 즉, 모든 사람은 평등하게 태어났고, 조물주는 몇 개의 양도할 수 없는 권리를 부여하였으며, 그 권리 중에는 생명과 자유와 행복의 추구가 있다. 이 권리를 확보하기 위하여 인류는 정부를 조직하였으며, 이 정부의 정당한 권력은 인민의 동의로부터 유래하고 있는 것이다. 또 어떠한 형태의 정부든 이러한 목적을 파괴할 때에는 언제든지 정부를 변혁 내지 폐지하여 인민의 안전과 행복을 가장 효과적으로 가져올 수 있는, 그러한 원칙에 기초를 두고 그러한 형태로 기구를 갖춘 새로운 정부를 조직하는 것은 인민의 권리이다."

- <미국 독립 선언문>

제1조

인간은 자유롭고 평등한 권리를 지니고 태어나서 살아간다. 사회적 차별은 오로지 공공 이익에 근거할 경우에만 허용될 수 있다.

제4조

자유는 타인을 해치지 않는 한 모든 행위를 할 수 있는 자유를 의미한다. 따라서 각자의 자연권 행사는 다른 사회 구성원에게도 동등한 권리를 보장해주어야 할 경우 말고는 어떤 제약도 받지 않는다. 이러한 제약은 오로지 법에 의해서만 결정될 수 있다.

- <프랑스 인권 선언>

미국 독립 혁명과 프랑스 혁명은 나 자신이 그 어떤 것보다도 중요하다는 믿음을 기반으로 생겨난 사건이다. 그리고 이 믿음이 오늘날의 사람들을 더 자유롭고 행복하게 만들었다. 새로운 질서가 생겨난 이후 사람들의 가치는 더 존중받았다. 사람들을 더 존귀하게 대하기 시작하자 기술은 비약적으로 발전했고 동시에 삶의 질도 개선되었다. 긍정적인 믿음을 가지고 살아가고 싶다면 먼저 '나는 세상에서 가장 존귀하다'는 사실부터 받아들여야 한다. 이 믿음은 온갖 긍정적인 생각을 당신이 쉽게 흡수할 수 있도록 만들어줄 것이다. 그리고 부정적인 생각으로부터 당신을 보호해줄 것이다.

자신이 가장 존귀한 존재라는 믿음은 가장 오래된 믿음 중에 하나일 것이다. 옛날 사람들은 자기의 민족이 신의 후손이라고 믿으며 자신의 가치를 높이려고 했다. 오늘날도 마찬가지다. 여러 종교에서 조물주가 인간을 세상의 모든 만물보다 더 존귀하게 만들었다는 믿음을 고수한다. 그리고 이런 믿음은 그들의 삶을 더 행복하고 성공적으로 만들어주었다. 이런 사람들이 모여 한 국가를 이루면 그 국가는 빠른 속도로 부강해졌다. 이것은 당신의 삶에서도 마찬가지다. 어떤 상황에서도 당신이 가장 존귀한 존재임을 부정하지 마라. 당신이 존귀하다는 믿음은 당신 자신뿐만 아니라 주변의 모든 사람을 더 존귀하게 만들어줄 것이다.

나는 원하는 것을
무엇이든지 할 수 있다고
믿으면 성공할 수 있다

예수께서 이르시되 할 수 있거든이
무슨 말이냐 믿는 자에게는 능히 하지 못할 일이 없느니라 하시니

- <마태복음>, 9:23

우리가 원하는 것이 생겼을 때 그것을 가질 수 있다는 믿음이 있어야만 가질 수 있다. 인간은 믿음 없이 현실에서 가질 수 있는 것은 아무것도 없다. 대개 믿음만 가지고는 아무것도 할 수 없다고 이야기하는 사람이 있다. 목표를 세우고 행동을 하는 것만이 의미가 있다고 말한다. 하지만 이렇게 말하는 사람은 믿음에 대해 아무것도 모르고 있는 것이다. 믿음과 행동은 떼어놓을 수 없는 관계에 놓여 있다. 우리는 항상 우리들의 믿음대로 생각하고 행동한다. 어느 누

구도 자신의 믿음에 반하는 행동을 할 수가 없다.

목표를 세우고 행동을 하는 것도 이미 믿음을 갖추고 있기 때문에 가능한 것이다. 불가능한 일을 위해서 목표를 세우고 행동하는 사람은 아무도 없다. 만약 당신의 집 앞 마당에 어마어마한 양의 황금이 묻혀 있다는 사실을 알았다고 하자. 그렇다면 당신은 어떻게 할 것인가? 사람에 따라 방법은 다를 수 있다. 어떤 사람은 창고에서 삽을 가져다가 파기 시작하는 사람이 있을 수 있다. 또 어떤 사람은 굴삭기를 빌려와서 파기 시작하는 사람도 있을 것이다. 하지만 한 가지 확실한 사실은 황금이 묻혀 있는 앞마당을 파기 시작할 것이라는 것이다.

만약 집 앞의 앞마당을 파지 않는 사람이 있다면 가능성은 두 가지 밖에 없다. 첫 번째는 앞마당에 황금이 있다는 사실을 믿지 않은 경우다. 황금이 없다고 믿는 사람은 맨땅에 삽질하는 어리석은 짓을 하려고 하지 않을 것이다. 두 번째 경우는 황금을 원하지 않는 경우다. 집에 재산이 끝내주게 많이 있어서 굳이 삽질을 해가며 금을 얻고 싶지 않은 것이다. 이 이야기는 모든 사람의 인생에 적용된다.

우리는 원하는 모든 것을 얻을 능력을 갖추고 있다. 우리 마음에 말도 안 되는 양의 황금이 묻혀 있는 것이다. 문제는 우리가 그것을 믿느냐 믿지 않느냐에 달렸다. 당신이 원하는 삶을 살고 있지 못하고 있다면 두 가지를 생각해봐야 한다. 먼저 당신이 원하는 삶을 살 수 있다고 믿고 있는지 솔직하게 돌아봐야 한다. 그리고 당신이 원한다고 믿는 그 삶이 진짜로 당신이 원하는 삶인지 생각해봐야 한다. 베스트셀러 《리얼리티 트랜서핑》의 저자 바딤 젤란드는 이렇게 말한다.

"당신은 최고의 삶을 누릴 자격이 있습니다. 하지만 당신이 무슨 일이든 해낼 수 있는 능력이 있다는 사실이 감춰져 있죠. 세상은 당신이 무한한 능력을 가지고 있다는 생각을 매우 순진하고 바보 같은 것이라고 믿도록 꼬드깁니다. 하지만 진실은 그것과는 정반대예요. 눈을 뜨고 일어나세요. 그리고 당신에게 씌워진 거짓을 벗어버리세요. 당신의 의식을 깨우고 당신에게 주어진 권리를 행사하기 시작하면 인생은 당신이 정한 규칙대로 펼쳐질 것입니다."

목표를 세우고 행동하지 않는 사람을 보고 게으르다는 꼬리표를 붙이는 경우가 많다. 하지만 선천적으로 게으른 사람은 없다. 게을러서 걸음마를 포기하는 사람은 없고, 게을러서 음식을 먹지 않아 굶어 죽는 사람도 없다. 하지만 자신이 어떤 것도 할 수 없다고 믿는 사람은 있다. 아무것도 할 수 없다고 믿는다면 아무것도 하지 않기 마련이다. 자신이 게으르다고 생각된다면 먼저 모든 것이 가능하다는 믿음부터 받아들여라. 자신이 원하는 삶을 그려 보고 그것을 이룰 수 있다고 믿어보라. 일단 믿어지기 시작하면 3일 동안 굶은 사람이 음식을 향해 달려가는 것처럼 당신의 꿈을 향해 미친 듯이 달려가기 시작할 것이다. 론다 번은 그녀의 저서 《The Power》에서 이런 말을 했다.

"당신의 꿈이 얼마나 멀게 보이는지는 중요하지 않다. 당신의 꿈은 당신 삶의 그 어떤 것보다 가까이에 있다. 당신이 꿈꾸는 것을 당신에게 가져다주는 모든 파워가 당신 안에 있기 때문이다!"

당신의 꿈이 생각보다 멀어 보일 수 있다. 그것을 이루기에 너무 아득하게 느껴질 수도 있다. 하지만 당신은 그것을 이룰 수 있는 힘을 이미 가지고 있다. 꿈을 이루는 데에도 생각보다 많은 시간이 걸리지 않을 것이다. 그 꿈이 현실이 될 것이라고 믿게 되는 데 오랜 시간이 걸리는 것뿐이다. 인류는 수천 년 동안 왕 한 사람에 의해 지배를 받아왔다. 왕의 지배 아래 있으면서 수많은 사람이 자유를 잃어버렸다.

그리고 모든 사람이 평등하다는 가치도 잊어버리고 있었다. 이런 믿음은 수천 년 동안 변함이 없었다. 왕족은 우월하게 태어났기 때문에 하찮은 천민은 왕처럼 자유롭게 사는 것을 포기했다. 수천 년간 자유롭고 평등한 세상을 꿈꾸는 사람들은 수 없이 많이 태어났을 것이다. 하지만 그들이 그것을 그냥 이룰 수 없는 꿈으로 여겼을 때 아무런 변화도 일어날 수 없었다. 그런데 자유롭고 평등한 세상을 꿈꾸고 그것을 만들어낼 수 있다는 믿음을 가진 사람들이 태어나기 시작했다.

그들은 자신이 처한 환경을 탓하며 자신의 꿈을 포기하는 대신 자신의 꿈을 이룰 수 있는 땅을 찾아 나서기 시작했다. 그 사람들은 아메리카 대륙에 모여 자신의 꿈의 세계를 만들어냈다. 그때 당시 세계 초강대국이었던 대영제국이 그들의 꿈을 부숴버리려고 했다. 하지만 세계 초강대국도 그들의 믿음을 꺾을 수 없었다. 그들은 대영제국도 물리치고 모두가 자유롭고 평등하게 살 수 있는 미국이라는 새로운 나라를 건설했다.

미국이라는 나라가 건설됐다는 소식이 전 세계에 퍼졌다. 그 사건은 유럽에 있는 사람들도 자신들의 꿈을 이룰 수 있다는 믿음을 갖게 만들었다. 프랑스에서 대혁명이 일어났고 수천 년간 이어져 온 왕정을 무너뜨려버렸다. 수천 년간 이룰 수 없던 꿈이 작은 믿음의 변화로 현실이 되어버린 것이다. 오늘날은 한 사람이 모든 사람의 자유를 뺏는 상황을 상상할 수도 없는 세상이 되었다. 자신이 원하는 것을 이룰 수 있다고 믿었던 사람들의 덕이다.

당신의 삶도 마찬가지다. 당신의 과거가 어떻든 현실이 어떻든 생각할 필요가 없다. 어떤 상황이든 할 수 없다는 믿음을 가진 사람은 언제나 할 수 없는 이유를 찾는다. 하지만 할 수 있다고 믿는 사람은 언제나 원하는 것이 현실로 이뤄질 수밖에 없는 이유를 찾아낸다. 루이스 헤이는 어떤 것이 현실로 이루어질지 않을지는 전적으로 우리들의 생각에 달렸다는 것을 이야기한다.

"당신이 한계라고 느끼는 것은 그냥 정신적인 것입니다. 진짜 현실과는 전혀 상관이 없습니다. 이것이 한계라는 생각을 버리고 가능성을 향해 달려가면 당신은 당신이 생각한 것보다 훨씬 뛰어난 존재라는 것을 느끼게 될 것입니다. 당신은 무엇이든지 해낼 수 있는 자질을 이미 가지고 있습니다. 당신은 당신이 원하는 것을 이뤄낼 수 있는 충분한 시간을 가지고 있습니다."

당신의 운명을 다른 어떤 것이 결정지을 수 있다는 생각을 버려야 한다. 당신의 빛나는 인생을 막을 수 있는 사람은 당신 자신뿐이다. 어떤 상황에서도 당신이 모든 것을 할 수 있다는 믿음을 유지하면 당신의 믿음은 현실이 될 것이다. 하지만 아무리 최적의 타이밍과 무한한 자원을 가지고 있어도 할 수 없다는 믿음이 있으면 어떤 것도 할 수 없을 것이다. 핑계를 대는 것이 나쁘다고 생각하는 사람이 많다. 사실 핑계 대는 것 자체는 나쁘지 않다.

핑계 대면서 자신의 책임을 다른 것에 돌린다고 다른 사람에게 치명적인 피해를 주지는 않는다. 하지만 핑계는 자기 앞에 놓여있는 문제를 해결할 수 없다는 믿음에서 나온다. 결국 핑계 대는 사람은 같은 문제를 계속해서 마주하게 된다. 결국 자기 자신에게 해로운 믿음을 선택하고 있는 것이다. 당신이 원하는 것을 이루지 못하고 있다면 그것에 대한 모든 책임은 당신이 져야 한다. 그 문제를 해결할 수 있는 능력이 당신에게 있기 때문이다.

유교 경전인 《대학》을 보면 "수신제가치국평천하"라는 대목이 있다. 자신의 몸과 마음을 수양하면 집안을 가지런하게 만들 수 있게 되고 집안이 가지런하면 나라를 다스릴 수 있게 되며 나라를 다스리면 온 세상을 평화롭게 만들 수 있다는 뜻이다. 다른 어떤 것을 탓하기 전에 일단 당신이 모든 것을 가능하다고 믿는 것부터 시작하라. 자신이 원하는 것을 이루지 못하는 이유를 세상이나 나라, 가족에서 찾으면 해답을 얻을 수 없을 것이다. 자기 자신에게 있는 무한한 힘을 신뢰하고 행동하는 법을 배우기 시작한다면 나머지 문제들은 차근차근 해결될 것이다.

지금 할 수 있는 것부터 시작해서 잠재의식의 크기를 키워야 한다

믿으면 모든 것이 가능하다는 사실을 받아들인 후에 자주 하게 되는 실수가 있다. 처음부터 놀라운 일을 해내려고 하는 것이다. 하지만 그렇게 되는 경우는 드물다. 물론 당신이 높은 목표를 세우고 그것이 가능하다고 믿으면 현실이 된다. 그런데 처음부터 높은 목표가 이뤄질 거라고 믿을 수 있는 사람은 없다고 생각하면 된다. 따라서 지나치게 높은 목표를 세우는 것은 그것을 이룰 수 없다는 믿음에 반하여 나오는 행동에 불과한 경우가 많다. 운동할 때를 생각해보면 된다. 운동을 처음 시작하면서 지나치게 높은 무게를 들어 올리려고 하면 결국 몸이 망가지는 것으로 끝나버린다.

자기가 충분히 들 수 있는 것부터 시작해서 차근차근 무게를 올려가면 어느새 무거운 것도 들어 올릴 수 있게 된다. 믿음도 마찬가지다. 무턱대고 이루기 힘든 일을 이룰 수 있다고 덤벼들다가는 무너지기 쉽다. 일단 이루고 싶은 것이 생겼다면 그것을 위해 자신이 할 수 있는 것부터 알아보는 것이 더 빠르다. 그렇게 하나 둘 작은 것부터 이루어 나가다 보면 결국 다른 사람이 보았을 때 놀랄 만한 일들도 이룰 수 있게 된다. 믿음은 의식적으로 생기는 것이 아니라 무의식중에 생겨나기 때문이다. 조 비테일 역시 불가능하다고 생각 하는 일에 무턱대고 달려들지 말라고 경고한다.

"절대 불가능한 것을 시도하는 것은 적절하지 않아요. 불가능한 일이라면 당신의 믿음에 막혀버립니다. 당신이 분명 가능하지 않다 고 생각할 테니까요. 그럼 당신의 마음은 그것을 포기해버리겠죠. 당연히 그것을 위해 열심히 노력하지도 않을 것이고요."

중요한 점은 당신 자신에게 솔직해져야 한다는 것이다. 당신이 불가능하다고 생각한다면 그것은 불가능하다. 하지만 당신이 가능 하다고 믿는다면 그것은 가능하다. 다른 사람의 의견에 휘둘릴 필요 가 없다. 자신이 원하는 목표를 정하고 자신이 가능하다고 생각되는 방향으로 접근하면 된다. 그것을 이루는데 특정한 몇 가지 방법에 얽매일 필요가 없다. 무엇이든 이루는 방법은 수만 가지가 존재하기 때문이다. 작은 것부터 하나씩 이뤄가면서 그곳을 향해 점점 가까워 지기만 하면 그만이다.

흔히 사람들은 성공하려면 남들이 할 수 없는 대단한 일을 해야 한다고 믿는다. 하지만 그렇지 않다. 모두가 충분히 할 수 있는 것을 하나씩 해나가는 것이 유일한 방법이다. 잉거솔은 시계를 만들었다. 시계를 1달러에 팔 수 있으면 나쁘지 않은 성과를 거둘 거라고 생각했다. 그렇게 1달러짜리 똑딱시계를 만들었고 백만장자가 되었다. 질레트는 면도할 때 얼굴에 상처 나는 것이 불편했다. 안전한 면도날을 만들면 좋겠다는 생각으로 안전하게 사용할 수 있는 면도기를 만들었다. 그리고 그것을 찾는 사람이 분명 있을 것이라 생각해 팔기 시작했다. 그렇게 질레트는 면도기로 엄청난 부를 거머쥐게 되었다. 지금은 100개가 넘는 국가에서 질레트 면도기를 사용하고 있다.

큰 성공과 작은 성공 사이에 차이점은 아무것도 없다. 작은 일이라고 이루기 쉽고 큰일이라고 이루기 어려운 것은 아니다. 어떤 것을 성취하는 데 들어가는 노력은 거의 비슷하다. 관건은 믿음의 크기와 노력의 방향이다. 지금 하려는 일을 해낼 수 있다고 얼마만큼 믿고 있는지가 성패를 가른다. 그리고 당신의 노력이 당신이 이루려고 하는 것을 향하고 있느냐가 중요하다. 목표를 위한 방향을 잡을 때도 어떤 부분을 믿을 수 있는지 유념해야 한다. 자신이 할 수 있겠다고 생각하는 부분에 집중하고 도무지 할 수 있을 것이라고 믿어지지 않는다면 과감히 버리는 것도 나쁘지 않다.

밀로 존스라는 사람이 마비증세를 겪게 되었다. 침대에 누워서 조금도 움직이지 못하는 상태가 되어버린 것이다. 하지만 그는 절망하지 않았다. 몸은 더 이상 사용할 수 없게 되었지만 머리를 사용하는 데는 아무런 문제가 없다고 믿었다. 그는 좋은 아이디어를 생각해낸다면 충분히 성공할 수 있을 것이라고 생각했다. 그는 침대에 누워 생각하고 또 생각했다. 그는 마침내 기가 막힌 아이디어를 떠

올렸고 그것을 현실로 이뤄낼 수 있는 방법도 생각해냈다. 그는 가족들을 불러 모았다. 그리고 자신이 생각해낸 아이디어와 그 아이디어를 실현시킬 수 있는 모든 계획을 알려주었다.

가족들에게 하나하나 지침을 내리며 계획이 성공적으로 실행되도록 만들었다. 그가 생각해낸 것은 '작은 돼지 소시지'였다. 그것이 세상에 모습을 드러내자 미국 전역에서 사람들이 열광하기 시작했다. 그리고 그는 자신의 아이디어로 부와 명성을 얻었다. 그는 마비 증세가 오기 시작했을 때 다시 정상적인 생활을 할 수 없을 거라 생각했다. 하지만 자신의 두뇌는 멀쩡했기 때문에 머리를 써서 성공할 수 있다고 믿었다. 그리고 그는 그의 믿음대로 큰 성공을 거두었다.

하지만 비슷한 상황에서 다른 선택을 내린 사람도 있다. 신경과 전문의였던 전범석은 목뼈를 다쳐 척수가 손상되는 불의의 사고를 당했다. 이후 전신이 마비되었다. 자율신경계 손상으로 생리현상조차 조절할 수 없는 지경에 이르렀다. 의사였던 그는 회복될 가능성이 거의 없다는 사실을 알았다. 하지만 그는 희망을 잃지 않았다. 그는 머릿속과 현실에서 끊임없이 재활치료를 시행했다. 상태가 조금도 나아지지 않고 있다는 것을 알았지만 포기하지 않았다. 그는 마비를 이겨낼 수 있는 것이면 무엇이든 다 해나갔다. 결국 9개월 뒤에 그는 일상으로 돌아올 수 있었다. 기적이 일어난 것이다. 또 서울대 의대 교수로서 논문을 쓰거나 세미나를 참석하는 것도 문제없이 해낼 수 있게 되었다.

밀로 존스와 전범석은 비슷한 문제를 겪었고 모두 그것을 극복해내었다. 하지만 문제를 향해 접근하는 방식도 달랐고 해결하는 과정도 달랐다. 밀로 존스는 마비가 됐을 때 마비와 싸우기보다 자신이 원하는 성공을 이뤄낼 수 있는 방법을 찾았다. 마비를 이겨낼 수 있다는 믿음을 가지지는 못했던 것이다. 하지만 전범석은 마비를 이겨내서 이전과 같은 삶을 살기를 원했다. 그리고 일상으로 다시 돌아갈 수 있을 것이라 믿었다. 각자 원하는 것이 달랐지만 그것을 가질 수 있다고 믿었을 때 두 사람 모두 그것을 갖게 되었다.

다른 사람의 길과 다른 사람의 믿음을 탐낼 필요는 없다. 다른 사람이 가지고 있는 좋은 믿음을 가질 수 있다면 그렇게 해라. 하지만 도무지 그 사람과 같은 믿음을 가지기 힘들다면 당신이 믿을 수 있는 것에 집중하라. 다른 모든 사람이 할 수 있다고 해서 당신이 꼭 그것을 해내야 하는 것은 아니다. 그리고 모든 사람이 할 수 없는 일이라고 해도 당신이 해내지 말란 법도 없다. 정말 당신이 원하는 것에 집중하면서 그것들을 하나씩 이뤄가면 그만이다.

세상에 꼭 해야 하는 일은 존재하지 않는다. 그리고 가장 중요한 일 역시 존재하지 않는다. 사람들이 해야 한다고 믿는 일과 가장 중요하다고 믿는 일만 존재할 뿐이다. 다른 사람이 중요하다고 믿고, 다른 사람이 할 수 있다고 믿는 일보다 당신이 원하고 당신이 할 수 있다고 믿는 일이 더 중요하다. 당신이 원하는 것을 향해 당신의 믿음만큼 나아가라. 그 믿음은 세상을 놀라게 할 만큼 커질 수 있다. 상상한 것을 하나씩 현실로 이루어나가다 보면 모든 것이 가능하다는 사실이 점점 더 피부에 와닿기 시작할 것이다.

모든 사람들이
잘살 수 있는
세상을 꿈꿀 때
위대한 인물이 된다

성공이란 자주 웃고 많이 웃는 것.

명철한 사람들에게는 존경을, 아이들에게는 사랑을 받는 것.

정직하게 비평하는 사람들에게 감탄을 받고

거짓된 친구들의 배신을 견뎌내는 것.

아름다움을 감상할 수 있는 것.

다른 사람 안에 있는 최고의 것을 알아볼 수 있는 것.

세상을 조금이라도 더 낫게 만들고 떠나는 것.

그것이 건강한 아이를 남기는 것이든 작은 정원을 가꿔놓는 것이든

사회 환경을 더 좋게 만들어놓는 것이든 상관없이 당신이 살아 있었기

때문에 한 생명이라도 더 편안하게 되었다는 것을 알게 되는 것.

이것이 바로 성공이다.

- 랄프 왈도 에머슨

많은 사람들이 성공을 바란다. 하지만 성공에 대한 정확한 개념을 생각해보는 경우는 드물다. 단순히 돈이 많은 것, 높은 지위에 오르는 것을 성공이라고 생각한다. 하지만 역설적이게도 돈을 위해서 살아가면 돈을 잃는다. 높은 지위에 오르는 것을 목표로 살면 낮은 위치에 있는 신세를 면치 못한다. 설령 이 모든 것을 얻은 것처럼 보이는 사람들도 자신이 성공했다고 생각하지 않는 경우가 많다. 성공은 단순히 돈과 명예 따위로 설명될 수 없다는 것이다. 세상을 놀라게 할 수 있는 능력이 있고 원하는 것을 모두 얻을 수 있다고 해도 그 사람이 항상 위대한 인물로 기억되는 것은 아니다. 오직 바른 믿음을 가진 사람이 위대한 인물로 기억될 것이다.

1929년 대공황이 터져 전 세계가 혼란에 빠졌다. 대규모 실업자가 생기고 대형 기업들도 우후죽순으로 쓰러지기 시작했다. 절망에 빠져 자살하는 사람들도 늘어갔다. 독일 역시 대공항의 여파를 피해갈 수 없었다. 세계 1차 대전에서 패전국으로 전락하면서 안 그래도 힘들었던 상황에서 더 큰 비극을 맞게 되었다. 그때 독일에 한 영웅이 나타난다. 그는 술과 담배를 입에 대지 않는 건강한 생활 습관을 가지고 있었다. 또 동물을 사랑해 고기를 먹지 않는 채식주의자였다. 사람들을 항상 친절하게 대하고 다정한 성격을 가지고 있어 주변 사람들로부터 좋은 평가를 받았다.

그 사람은 독일 국민들의 지지로 독일의 지도자가 된다. 그는 4년 만에 독일을 재건하겠다고 약속했다. 그리고 독일에서 기적이 일어나기 시작했다. 600만 명의 실업문제가 모두 해결되었다. 노동자에게 정당하게 임금이 분배되도록 만들었다. 정부에서는 노동자들의 생활수준과 복지를 위해 힘썼다. 독일 국민들의 생활은 말도 안되게 좋아지기 시작했다. 넉넉한 임금을 받아 생활에 불편함이 없었다. 문화 활동도 하고 여행도 다닐 시간과 돈에 여유가 있었다. 독일의 모든 국민들은 그의 놀라운 능력에 찬사를 보내며 영웅으로 생각하고 따랐다. 그 당시 독일 영웅의 이름은 아돌프 히틀러다.

아돌프 히틀러는 세계 2차 대전을 일으켜 수천만 명을 죽음으로 내몰았다. 그리고 무고한 유대인을 600만 명이나 학살하는 악행을 저질렀다. 하지만 그가 저지른 나쁜 행동을 떠나서 그의 능력만큼은 타의 추종을 불허했다. 무너져가는 독일을 순식간에 강대국으로 변모시켰다. 그리고 세계 규모의 전쟁을 일으켜 말도 안 되는 숫자의 사람들을 죽게 만들었다. 그는 생각한 것은 뭐든 이뤄내는 능력을 지니고 있었던 것이다. 하지만 그는 한 가지 부정적인 믿음을 가지고 있었다. 자기 자신과 자기 민족이 잘살기 위해서 다른 사람의 희생이 필요하다는 믿음이었다. 그래서 자기 민족에 도움이 안 된다 싶으면 다른 사람들을 제거하는데 주저하지 않았다. 그리고 그는 자신의 믿음대로 세상에 도움이 되지 않자 세상으로부터 제거되었다. 그는 결국 권총으로 자살하며 생을 마감한다.

반면 영국에는 히틀러와 전혀 다른 믿음을 가진 영웅이 있었다. 그의 이름은 윈스턴 처칠이다. 그는 모든 사람이 평화와 정의 속에서 살아야 한다는 믿음을 가지고 있었다. 그래서 그는 자기 이익만을 위해 세계를 혼란 속에 빠뜨리는 히틀러의 계획을 막아야만 했다. 그는 평화와 정의를 위해서 우방국들을 적극적으로 도우며 무고한 사람들을 보호하기 위해 싸웠다.

"저는 지금 이곳에서 정부 관료들에게 말했듯 의원님들께 말씀 드리고자 합니다. 저는 피와 수고, 눈물과 땀 이외에 드릴 것이 없습니다. 우리는 가장 슬픈 시련을 앞에 두고 있습니다. 우리 앞에서는 수많은 세월 동안 헤쳐 나가야 할 투쟁과 고통이 놓여 있습니다. 여러분이 이렇게 물어볼 수 있을 것 같습니다. 우리들의 정책이 뭔가요? 저는 땅, 바다와 하늘에서 전투를 벌이는 것이라고 답하겠습니다. 우리들의 모든 힘을 모아서 그리고 하나님께서 주신 힘을 가지고 인류 최악의 범죄자라고 할 수 있는 한 독재자를 상대로 전쟁을 벌일 것입니다. 이것이 우리의 정책입니다.

여러분은 또 이렇게 물을 것입니다. 우리들의 목표는 뭔가요? 저는 한 단어로 대답할 수 있습니다. 승리. 무슨 수를 써서라도 승리를 거두는 것입니다. 온갖 공포 속에서도 승리해야 합니다. 길이 아무리 길고 험하더라도 승리 없이는 생존도 없습니다. 이것을 깨우치도록 합시다. 승리가 없이는 대영 제국도 없고 대영제국이 지켜온 것도 없으며 모든 사람들이 각자의 목표를 향해 전진하도록 만든 욕구와 시대의 추진력도 없습니다. 저는 제 임무를 낙관적인 마음과 희망으로 받아들이겠습니다. 저는 우리들의 대의가 인류 역사에서 실패로 끝나지 않을 것을 확신하고 있습니다."

윈스턴 처칠은 히틀러와 달리 사람들 사이에서 영웅으로 기억됐다. 자신의 성공을 위해서 다른 사람을 제거하던 히틀러는 역사 속에서 제거되었다. 자기의 민족도 세계의 다른 민족들도 히틀러가 없는 세계를 꿈꾼다. 반면 처칠의 믿음은 모든 사람과 민족의 영감이 되었다. 그의 숭고한 싸움은 많은 사람들이 마음속으로 기억하려고 하며 그의 정신을 이어가려고 한다. 자기 자신, 자기 가족, 자기 민족만 잘 살아보고자 하는 믿음은 결국 파멸로 치달을 수 있다. 그리고 자신만을 위해 다른 것을 희생시키기 시작할 때 결국 자기 자신이 세상으로부터 희생당한다는 것을 기억해야 한다.

꿈을 꾸거든 모든 사람들을 위한 꿈을 꾸어라. 모두가 잘살고 행복해질 수 있는 세상을 만들 수 있다고 믿어라. 그렇다면 세상에 모든 사람이 당신의 꿈을 지지해줄 것이다. 그리고 세상은 당신을 어떻게든 살려내고자 할 것이다. 믿음으로 당신만의 세상을 살아갈 수 있다. 그리고 당신이 꿈꾸는 세상을 살아갈 수 있다. 하지만 주변에 있는 사람에 대해 어떤 믿음을 갖느냐에 따라 다른 사람이 당신의 꿈을 도와주도록 만들 수도 있고 당신의 꿈에 대항하여 싸우도록 만들 수 있다. 강태공은《육도삼략》에서 이 사실을 알려준다.

"천하는 한 사람의 천하가 아닙니다. 천하의 천하입니다. 천하와 이익을 함께 나누는 자는 천하를 얻게 될 것이고 천하의 이익을 혼자 독점하려고 하는 자는 천하를 잃을 것입니다."

우리가 무언가를 많이 얻어야만 성공한다고 믿을 수 있다. 하지만 우리들의 성공은 눈에 보이는 어떤 것으로 결정되지 않는다. 모든 것을 가지고 나면 오히려 아무것도 가지지 못했다는 사실만 깨우치게 될 것이다. 우리가 모든 것을 걸고 가질 만큼 의미 있는 것은 바로 사람의 마음이다. 사람의 마음을 얻을 수 있는 사람이 모든 것을 가져갈 것이고 또 모든 것을 가지고 있다고 말할 수 있을 것이다.

"천하를 얻는 방법이 있으니 백성을 얻으면 천하를 얻게 된다.
백성을 얻는 방법이 있으니 그들의 마음을 얻는 것이다."
– 맹자

유교 사상에서 인(仁)이라는 개념은 매우 중요하게 다뤄진다. 인은 두(二)개를 의미하는 한자와 사람(人)을 뜻하는 한자가 합쳐져 있다. 그리고 공자는 인이 다른 사람을 사랑하는 것을 의미한다고 말한다. 사람과 사람을 이어주는 것은 사랑이라는 것이다. 불교에서는 자비에 대해 이야기한다. 다른 사람에게 기쁨을 주고 그의 고통을 덜어주는 것이 자비다. 이런 자비를 모든 사람과 모든 생명체까지 확장하는 것을 중요하게 여긴다. 예수는 사랑을 가장 중요한 가치라고 이야기했다. 그리고 그는 그가 베푼 사랑이 자신의 민족을 초월해서 모든 민족에게까지 퍼져나가기를 꿈꿨다.

"그러므로 너희는 가서 모든 민족을 제자로 삼아 아버지와 아들과

성령의 이름으로 세례를 베풀고 내가 너희에게 분부한 모든 것을 가르쳐 지키게 하라"(마태복음 28:19-20)

모든 사람이 잘되기를 꿈꾸면서 사람들의 마음을 얻은 사람은 세상을 가지게 되었다. 사람의 마음을 얻은 사람들의 이름은 수천 년이 지나도 잊히지 않았다. 사람들은 그들의 가르침과 정신을 배우며 그들이 꿈꾸던 세상에서 살기를 바란다. 그리고 그들이 믿는 아름다운 세상은 다른 사람의 마음속에서 계속 만들어질 것이다. 당신은 모든 것이 가능하다. 그리고 당신의 믿음으로 당신이 원하는 세상을 만들어나갈 수 있다.

하지만 한 가지만 기억하라. 혼자만 잘 살 수 있는 세상은 아무런 의미가 없다는 것이다. 모든 것을 가지게 된다고 해도 사람의 마음을 가지지 못하면 실패하고 만다. 모든 사람이 잘 살 수 있다는 믿음을 가져라. 다른 사람의 꿈도 이루어질 수 있도록 도와라. 그러면 세상이 당신의 꿈과 믿음을 도울 것이다.

"인생은 마음먹기에 따라 달렸다."

마치는 글

축하드립니다! 여러분은 드디어 이 책의 마지막 장을 넘기셨군요. 저는 조금 더 많은 사람들이 행복하고 후회 없는 삶을 살 수 있도록 돕기 위해 이 책을 쓰게 되었습니다. 이 책은 표면적으로 봤을 때 흔히 말하는 성공을 이야기하고 있는 것처럼 보였을지도 모르겠습니다. 하지만 조금 주의 깊게 보신 분이라면 성공이라는 단어 이면에 숨겨져 있는 메시지를 눈치채셨을지도 모르겠네요.

모든 사람에게는 상상을 현실로 만들 수 있는 능력이 있습니다. 그리고 우리는 그 능력을 믿음을 통해서 사용할 수 있습니다. 하지만 제가 주변을 둘러보니 이 사실을 알지 못하는 사람이 많다는 것을 깨닫게 되었습니다. 그래서 그 원인을 살펴보니 자신이 무엇을 믿고 있는지도 모르는 사람이 많다는 사실을 알게 되었습니다.

그래서 책의 초반 부분은 자신이 무엇을 믿고 있는지 살펴볼 수 있도록 돕기 위한 내용으로 채워 넣었습니다. 자신이 무엇을 믿고 있는지를 깨닫는다면 자신이 처한 현실이 자신의 믿음대로 이루어졌다는 것을 쉽게 알아차릴 수 있기 때문입니다. 그리고 책의 중반 부분으로 가면서 믿음을 통제할 수 있는 방법을 설명합니다. 믿음을 통제할 수 있어야 자기 자신의 삶을 통제할 수 있기 때문입니다.

그리고 책의 후반부에는 우리 삶을 풍요롭게 해줄 수 있는 믿음을 알아보았습니다. 옛 성현들과 위인들이 어떤 믿음을 가지고 있었는지 알아보면서 어떤 것이 긍정적인 믿음인지 깨달을 수 있도록 구성되어 있습니다. 부디 이 책의 내용을 잘 흡수해서 이전보다 더 행복한 삶을 살게 되기를 바랍니다. 저 역시 여러분들이 제 책을 통해 조금이라도 더 나은 삶을 살게 된다면 정말 행복할 것 같습니다.

비단 성공이라는 것은 어떤 기준이 있는 것이 아닙니다. 따라서 세상이 말하는 성공의 기준을 따르기 시작한다면 역설적으로 진정한 성공과는 멀어질 것입니다. 우리는 세상에 태어나는 순간 세상을 살아갈 때 필요한 모든 것들을 가지고 태어납니다. 결국 우리에게 필요한 것은 우리들의 내면을 아름답게 가꾸며 우리가 가지고 있는 것들을 다른 사람과 나누는 것이 아닐까 싶습니다.

여러분이 가지고 있는 것들을 다른 사람과 나누기 시작할 때 세상도 여러분을 보며 '성공했다'고 말할 것입니다. 저 역시 아직도 이뤄야 할 꿈들이 많이 남아 있습니다. 하지만 저는 하고 싶은 일을 마음껏 할 수 있다는 사실을 알고 있습니다. 그리고 제가 가지고 있는 것을 나눌 사람들이 있고 자신이 가지고 있는 것을 제게 기꺼이 내어줄 사람들이 있습니다. 그래서 저는 저에게 감히 성공한 인생을 살고 있다고 말할 것입니다.

이 책을 세상에 나올 수 있도록 도와주신 사람들께 진심으로 감사하며 글을 마무리 짓고 싶습니다. 제 곁을 항상 지켜주었던 가족들, 저를 항상 지지해준 소중한 친구들, 그리고 이 책에 아낌없는 피드백을 해주었던 이상민 작가님께 감사드립니다. 그리고 제 책을 기꺼이 출판하겠다고 해주시고 정성껏 편집해주신 바이북스 출판사 관계자 분들께도 감사 인사드립니다. 마지막으로 이 모든 것을 계획하신 내 인생 최고의 멘토 예수님. 당신 없이는 이 책이 존재할 수 없었을 것이기 때문에 차마 당신의 이름을 빼놓을 수 없었습니다. 진심으로 감사합니다.

끝까지 제 책을 읽어주신 독자 여러분들께도 감사 인사드립니다. 앞으로 더 좋은 모습으로 찾아뵐 수 있도록 노력하겠습니다.

이 책을 읽는 모든 사람들 삶에 놀라운 축복이 찾아오길.